Antonio Buttitta

Ballata di un Treno Lento
Ballad of a Slow Train

Titolo | Ballata di un Treno Lento. Ballad of a Slow Train
Autore | Antonio Buttitta
ISBN | 978-88-91124-00-5

Youcanprint Self-Publishing
Via Roma, 73 – 73039 Tricase (LE) – Italy
www.youcanprint.it
info@youcanprint.it
Facebook: face book.com/youcanprint.it
Twitter: twitter.com/youcanprintit colo

Introduzione

Introduction

Mauro Conciatori

IL LENTO TRENO ARRIVA SENZA DESTARE SOSPETTO SE NON NELL'ANIMO UMANO

THE SLOW TRAIN ARRIVES NOT AROUSING ANY SUSPICION EXCEPT IN THE HUMAN SOUL

Paolo Levi

BIANCO E NERO EMOZIONALE

EMOTIONAL BLACK AND WHITE

Roberto Malfagia

FRAMMENTI

FRAGMENTS

IL LENTO TRENO ARRIVA SENZA DESTARE SOSPETTO

SE NON NELL'ANIMO UMANO

Mauro Conciatori, Regista

Le immagini arrivano improvvise. Un'epifania di chiaroscuri in bianco e nero che sembrano quasi investire gli spettatori. È *"L'arrivée d'un train en gare de La Ciotat"* sul bianco nitore di un telo. Un'apparizione magicamente dirompente (e quasi pericolosa nella sua iperrealtà) agli occhi dei presenti. Quella locomotiva che sbuffa e arranca non è l'atto finale di un percorso stabilito ma è il punto, ideale, di partenza del cinematografo. Sono *soltanto* 45 secondi del più grande spettacolo che sino ad oggi abbia animato la vista, e poco alla volta tutti gli altri sensi, e la mente degli esseri dall'uman ragione. In quella serata del 6 gennaio del 1896 i fratelli Lumière danno un'idea compiuta di ciò che offre il nuovo mezzo tecnologico. Una novità, destinata a cambiare la concezione stessa di immagine, che aveva fatto i suoi esordi neanche una decina di giorni prima.

Il 28 dicembre del 1895 si erano visti sfilare gli operai nel movimento, poco dinamico, dell'uscita da una fabbrica di Lione. Staticamente, nella loro stanchezza del post lavoro, nel preciso istante nel quale si apprestano a lasciare il luogo che li assorbe, per gran parte della giornata, per tornare al dolce focolaio famigliare. Nella sequenza alla stazione di La Ciotat, invece, le immagini assumono movimento inserite in un quadro dinamico. Un insieme di fotogrammi, uno dietro l'altro, che restituiscono il moto a luogo di un oggetto di grandi dimensioni come una locomotiva con carrozze annesse. Provate a calarvi anche per un solo istante nei panni di quegli spettatori travolti da una straordinaria ed inusuale ridda di emozioni. Il risultato è quello dello stupore. Per la prima volta non ci sono fotogrammi appesi alle pareti che danno un'idea di movimento ma abbiamo fotogrammi in sequenza che restituiscono il movimento. Nulla è lasciato all'immaginazione essendo il movimento che si vede quello reale. Non sono *slides* che scorrono davanti ai nostri occhi ma *tranches* di realtà restituite attraverso un mezzo straordinario.

In questa "Ballata di un Treno Lento" invece, torniamo a prima dei fratelli Lumière. Immagini statiche che ci fanno immaginare percorsi cinematografici. Ma è errato dire che si tratta di un ritorno alle origini. Diciamo che è più corretto un "nuovo inizio". Buttitta destruttura l'immagine pezzo dopo pezzo. Fa la stessa operazione con la sintassi semiologica della parola. Scomposizione serrata e mai annodata di ciò che è il tempo di fruizione di questo doppio percorso letterario e d'immagini teso e vibrante. Un percorso mai domo nel suo incedere progressivo di questa immagine in movimento che possiede non solo gli stilemi dettati "in principio" dai fratelli Lumière, ma che si nutre dei milleeunrivoli delle peculiarità della messa in prosa della tragedia. Immagini che scorrono lente e inesorabili in un poderoso slowmotion "arcaico", ricco di dettagli infuocati dalla rara forza evocativa propria del teatro kabuki.

THE SLOW TRAIN ARRIVES NOT AROUSING ANY SUSPICION

EXCEPT IN THE HUMAN SOUL

Mauro Conciatori, Director

Frames come unexpectedly. It is a revelation of *chiaroscuro* in black and white seeming as if it could run over the audience. It is *"L'arrivée d'un train en gare de La Ciotat"* on the white candor of a blanket. A magically shocking appearance (and almost dangerous in its hyperreality) to the viewers' eyes. That puffing, hobbling along locomotive is not the final act of a well-defined route, but it is the ideal cinematographer's starting point. It is only a 45-second sequence, but it is the most remarkable show to have graced our vision so far, as well as the other senses and human mind. On that night of January 6th, 1896 the Lumière brothers carry out a finished idea of what the new technological means can offer. An innovation doomed to change the conception of image. For the first time it is not just a shuffle of frames being hung on the wall that provide the idea of movement. It is a sequence of frames conveying the movement. Nothing is left to the imagination, the movement becoming real. It is no longer a sequence of slides, flowing in front of our eyes, but *tranches* of reality rendered through an extraordinary means.

In "Ballad of a Slow Train", instead, we go back in time, before the Lumière brothers. Still frames make us imagine cinematographic routes. But it would be wrong to argue we are going "back to the origins". It is more, let us say, a "new beginning". Buttitta fragments the picture piece by piece. He is adopting the same procedure for the words' semiological syntax. A never-tied and concise deconstruction of what is the fruition time of this literary and figurative, tense and quivering, double track. It is a moving picture in constant pace, not only owning the distinguishing features "originally" prescribed by the Lumière brothers, but also unraveling itself in the flow of tragedy. Pictures flowing slowly and relentlessly in a powerful archaic slow motion, rich of details scorched by the rare evocative strength of kabuki theatre.

A new syntax has to be detected in this backwards flowing route, where Buttitta is looking at the past not with nostalgia, but rather with affection, so as to recover what has been lost in the last fifty years of technological augmentation. A return to the past aimed at ensuring a new future for what might be the next frontier of "sliding pictures". This style of reinterpreting acts of our daily real experience starts in the past. Not that distant past when the main interest is in how to compose the picture, but a recent past when icons are imagined in fast sequence so as to give again a wonder to the public, accustomed to any hyper technological, weird contraption, and no longer seduced by anything. 3D has already become part of the collective imagination, and it is already old in its technocratic archeology. Holograms are now being waited for, but they probably will be obsolete the very moment they are issued.

Si parlava di nuova sintassi in un percorso che si snoda a ritroso, che guarda al passato non con nostalgia ma con affetto, per recuperare ciò che si è perso negli ultimi cinquant'anni di esasperazione tecnologica. Un ritorno al passato per assicurare un nuovo futuro a ciò che potrà essere la nuova frontiera delle "immagini in movimento". Questo modo di (re)interpretare le azioni del nostro quotidiano parte dal passato. Ma non da quel passato remoto dove l'interesse principale è del come si deve comporre l'immagine, ma da un passato prossimo che va a "immaginare" tante icone messe in rapida sequenza e in successione con lo scopo preciso di donare di nuovo stupore allo spettatore aduso ad ogni forma di diavoleria ipertecnologica e che non si lascia né sorprendere e né sedurre più da nulla. Le immagini 3D ormai sono parte dell'immaginario collettivo e quasi vetuste nella loro archeologia tecnocratica. Ora si aspettano gli ologrammi ma forse, anche loro, saranno vecchi nell'attimo della loro sortita in pubblico.

Questo racconto di foto e di parole, al contrario, non potrà mai invecchiare e mai provocare noia. Sono le radici stesse di ciò che elabora la mente in un percorso mai contorto e mai lineare di rimandi ai maestri dell'immagine. Da Cartier Bresson a Robert Capa, da Frank Horvat a Sergio Larrain, da William Eugene Smith a Francesc Català Roca, da Frank Capra a Jean Renoir, da Antonioni a Visconti, da Lech Majewski a David Lynch, ecco che il "mondo nuovo" prende forma in questo "poema a immagini" attraverso gli insegnamenti dei virtuosi del bianco e nero e del racconto cinematografico.

Non giochi di equilibrio ma capacità di sintesi di parole che colpiscono sempre al cuore e di foto che non siano mere rappresentazioni di squarci di vita ma evocazioni di ciò che esiste al di qua e al di là dell'obbiettivo. Uno sguardo (in)discreto capace di togliere il fiato e di percepire le emozioni più sottili vagheggiate dalle dolci parole che aspergono il sudore della vita. Gorgoglìo di vita presente e passata che affiora lentamente dai quadri che si compongono davanti a noi. Quadri di bellezza e di espressività come sporadicamente si trovano nel vissuto. Una traccia di vita, di quelle vite parallele delle quali si trova segno in chiusura di film, fideisticamente, il lungo viaggio del lento treno alla *recherche* di ciò che in fondo siamo. Umani sempre alla ricerca di una verità che non troveremo mai.

This ballad, this "picture story-tale", instead, will never get old and will never bore. It is made up of what our mind develops in a part-twisting, part-straight route of references to great maestri. From Cartier Bresson to Robert Capa, from Frank Horvat to Sergio Larrain, from William Eugene Smith to Francesc Català Roca, from Frank Capra to Jean Renoir, from Antonioni to Visconti, from Lech Majewski to David Lynch, here is the "new world" taking shape in this "visual poem" through the teaching of black and white photography and cinema virtuosi. Not a game of skills or equilibrium, but synthetic ability in words reaching the heart, and pictures not being just a mere representation of fragments of life, but evocations of what existed before and beyond the lens. A (in)discreet, breathtaking look through which are felt delicate emotions as dreamed in sweet words sprinkling sweat and tears of life. The gurgle of present and past life, slowly emerging by the canvas self-composing in front of us. Paintings of rare beauty and expressiveness. A sketch of life, of those parallel lives of which one can find track at movie closure. The long route of a Slow Train in *recherche* of what, in the end, we are. People in constant need of a truth we will never find.

BIANCO E NERO EMOZIONALE

Paolo Levi, Critico d'Arte

Il particolare rivelato, come suggestivo momento di raccoglimento, dove il caso immaginifico o fortuito non è ammesso.

Un viaggio attraverso l'attimo emotivo in un contesto apparentemente reale. La rivelazione di un'atmosfera in verità del tutto onirica.

Di rado mi soffermo oltre il dovuto su una realizzazione fotografica. Penso che un rapido colpo d'occhio sia più che sufficiente per cogliere l'attimo di una seduzione visiva. Al contrario, il corpus di immagini di meditata esecuzione di Antonio Buttitta necessita di un esame che non ammette la superficialità di un rapido battere di ciglia, in quanto sono esposte nel bianco-nero di un obiettivo capace di captare l'invisibile.

L'artista è un visionario della sacralità carpita da un'irripetibile coincidenza.

Egli inquadra ipotesi di realtà che sfuggono a chi non può soffermarsi a coglierne l'energia.

Per lui la verità è relativa, ma ne salva ogni possibile significato e l'essenza intangibile.

Ne percorre l'ombra che si sposa a una luce effimera, delineandola in momenti netti, e rivelando presenze decifrate tramite uno scatto dell'anima.

Sono voci di una quotidianità silente, poesia figurale bicromatica, atonale, di lenta premeditazione. Si tratta di un repertorio metafisico che può procedere all'infinito, in quanto infinite sono le occasioni per una percezione sedotta dalla sfinge di un particolare: la maniglia di un uscio, lo sbuffo di un treno, o un'apparizione umana incongrua nella sua silenziosa inconsapevolezza.

Eventi arcani, quindi, dove l'esistenza si palesa in una rappresentazione soggettiva, addensandosi silenziosamente nella mente di chi guarda.

Questo di Antonio Buttitta è un obiettivo talentuoso che esplora il grigiore del quotidiano per trovare un riflesso rivelatore, un residuo di vita vissuta, da restituire alla memoria attraverso il filtro dell'emozione.

Un modo, quindi, di narrare che si muove con sapienza sulla scacchiera infinita della casualità, dove il reale diventa apparenza e l'apparenza si fa poesia.

EMOTIONAL BLACK AND WHITE

Paolo Levi, Art Critic

Unveiled details, evocative pages of meditation, when the imaginary or the unexpected are not allowed.

A travel across emotional moments in an only apparently real context. Instead, disclosure of an absolutely fantastic atmosphere.

I seldom linger more than necessary on a photograph. I believe that a glance is sufficient in order to get the instant of a visual seduction. Conversely, this corpus of pictures, taken in a state of meditation by Antonio Buttitta, deserve more than a superficial glance; exhibited in black and white, capturing the invisible.

This artist is a visionary of the sacred, being imagined in unique coincidence.

He frames hypotheses of reality that will escape to those who cannot slow down their view and get its strength.In his vision the truth is relative, but he saves any possible meaning along with its intangible essence.

He passes through its shadow, which embraces an evanescent light, by outlining sharp-cut moments and by revealing appearances that he has read through his soul.

These are voices of a daily life's silence, poetry in bichromatical pictures, atonal, in slow forethought. We are now in a metaphysic repertoire that might endlessly proceed, inasmuch as the chances offered to us to be seduced by the enigma of a detail are infinite: a door handle, a train whistling, a cameo of a character, although apparently out of place in its silent unconsciousness.

Mysterious events, therefore. Life unveils itself in a subjective performance, silently thickening in the observer's mind.

Antonio Buttitta uses his camera with talent. He explores the usual grayness in order to find out a revealing reflex, scraps of life lived to be given back to memory through the screen of emotions.

A way of storytelling that is being moved with knowledge on a chessboard of infinitive chances, where reality becomes appearance, and appearance becomes poetry.

FRAMMENTI

Roberto Malfagia, Docente di Visual Storytelling

Nel racconto "Vetri" dello scrittore veneto Giulio Mozzi, contenuto nella raccolta "Questo è il giardino", il protagonista si trova a osservare una vetrata andata in frantumi dopo essere stata presa a martellate. Centinaia di frammenti di vetro sparsi a terra. Ognuno ha la sua forma geometrica: quando frastagliata, irregolare e appuntita; quando definita e netta, regolare e riconoscibile. Il protagonista li osserva in silenzio, cercando di separare i frammenti l'uno dall'altro e vederli nella loro unicità. Ma allo stesso tempo tenta anche di ricomporli, cercando profili che combacino, inseguendo nelle centinaia d'immagini - forme che essi sono, quell'immagine generale, unica e ampia che era la vetrata prima di essere distrutta.

Un atto del guardare vuole rimettere insieme dei pezzi per trovare un significato all'accadere delle cose. Il lavoro di osservazione e ricomposizione che compie il protagonista di "Vetri" chiarisce quello che è il lavoro del narratore: nel raccontare una storia vengono raccolti pezzi di realtà, rielaborati e riorganizzati in una fiction nel tentativo di ricavare un senso dall'accadere delle cose. Nella "Ballata del Treno Lento" di Antonio Buttitta succede qualcosa di simile. Buttitta si comporta da vero e proprio narratore compiendo il gesto di ricomporre immagini fotografiche e immagini letterarie provenienti dal suo universo immaginativo nell'intento di produrre senso.

Ma non solo. Il protagonista della ballata, anche lui sembra essere nella stessa situazione. Nel procedere della storia si trova di volta in volta ad affrontare nuovi eventi improvvisi, indefiniti, incontrando personaggi ambigui e talvolta minacciosi. Una pellicola si brucia, una maschera lo sfiora, un treno parte, un bluesman lo ammonisce, una bambina lo mette in guardia, un'attrice lo provoca. Ogni volta che accade questo, ogni volta che un nuovo personaggio entra in scena e la storia cambia direzione, un nuovo frammento è stato raccolto. Percepiamo il movimento della mano del protagonista che si rigira il frammento fra le dita, che lo allontana e poi lo avvicina meglio agli occhi per comprendere bene la natura dei bordi, delle smerigliature. Sentiamo il suo disincanto e il suo essere disambientato, interdetto ma allo stesso tempo fermo nella volontà di ricomporre in un quadro più generale l'esperienza che si va accumulando. Il protagonista è confuso, non riesce a capire quello che succede, almeno non subito nell'immediato. Ma prende tempo e prosegue, come fa il treno lento. Un movimento che sembra essere funzionale a un recupero del tempo: quello necessario alla comprensione. I frammenti di realtà che vanno incontro al protagonista non hanno un ordine particolare. Oppure sì, cel'hanno, ma è un ordine talmente complesso, interno, che la lettura diventa difficile senza un aiuto esterno. Solo allora, grazie all'intervento di forze magiche e familiari, di preghiere, sogni e vecchie filastrocche dell'infanzia, il protagonista sarà in grado di scendere dal treno delle esperienze, comprendendolo attraverso un incoscio recupero di una fede arcaica. Per poi finalmente poter tornare a casa.

FRAGMENTS

Roberto Malfagia, Visual Storytelling Teacher

In Giulio Mozzi's novel "Vetri", included in the collection "Here is the Garden", the protagonist watches a hammered glass wall broken into pieces. Hundreds of fragments are lying on the ground. Each of them have their appearance: some are irregular, uneven, sharp-cornered, some are well-defined, sharp-cut, regular and recognizable. In silence the protagonist watches them, trying to isolate one fragment from the other, so as to see them in their uniqueness. But at the same time he also puzzles over their order, and he tries to find matching edges by seeking, in the hundreds of figures, that one image, that wide, general picture that was on the glass before being shattered.

To watch means to collect the pieces in order to give a sense to the events. The job of observing and putting together, made by the protagonist of "Vetri", clearly explains the storyteller's effort: in the story being told, frames of reality are collected, re-edited, and ordered again in a fiction, by trying to glean a meaning. In this "Ballad of a Slow Train", something similar happens. Buttitta acts like a real storyteller, by performing the action of ordering photographic symbols and images belonging to the realm of literature, coming from his mental process, with the aim of making sense.

Moreover, the protagonist of the ballad seems to be in the same situation. While the story is progressing, he has to face new, unexpected and unclear events, while he meets looming and shifty characters. A film rips out, a mask hits his arm, a train is departing, and this is how he is going to meet an admonishing bluesman, a warning child, a provoking actress. Any time this is going on, any time a new character bursts on the scene and the plot changes, a new fragment has been collected. We can perceive the protagonist's hand movement in spinning the fragment between his fingers, holding it in front of his eyes in order to understand its edges and shape. We can feel his disenchantment when he is disoriented and astonished, but at the same time determined in his will to settle in a wider frame the experience gained. The protagonist is confused, because he cannot understand what is going on, at least not immediately. He takes his time, and he goes on, with the pace of the slow train. A motion seeming functional to the recovery of time: the time that is necessary to comprehension. Fragments of reality proceeding towards the protagonist do not have a precise order. Maybe they do, but it is such an internal, elaborated order, that detection becomes too difficult without an external help. In that moment, with the intervention of magical familiar forces, prayers, dreams and ancient rhymes, the protagonist will be able to get off the train of the experience, and to understand its meaning through an unconscious recovery of an archaic faith. And to find, in the end, his way back home.

Buttitta sembra suggerirci, con questa ballata, che la comprensione delle cose non è sempre diretta, anzi. Nel cumulo d'informazioni, emozioni, pensieri che sono il vivere quotidiano, abbiamo bisogno di creare un altro tempo, dentro il tempo. Solo in questo tempo altro, che prende la forma della narrazione di sé, della propria storia, abbiamo la possibilità di rimontare i pezzi, di ricostruire il vetro nella sua interezza e trovare quel senso mancante di cui abbiamo bisogno per non rimanere immersi negli sbuffi dell'incertezza e del dubbio.

Buttitta suggests, with this ballad, that the the process of comprehension of reality is not always straight. In the muddle of information, feelings, thoughts composing our daily life, all of us need to create another form of time into our own time. In this time, becoming the self-narrating time, we have the chance to put the pieces together and to recover the glass in its entirety, so as to find that missing sense we all need to not to sink into the blow of uncertainty and worry.

Questo libro contiene le immagini più rappresentative della mia poetica, le stampe
che ho voluto esporre alle recenti mostre nei musei e nelle gallerie d'arte
in Italia e all'estero.

Contiene anche una simbologia molto personale.
Questa simbologia emerge da contenuti che fanno interamente parte della mia
vita.
La componente di fantasia ha escluso l'invenzione.
Potrete avere l'impressione che io abbia scritto una favola.
Invece è tutto vero.

In this book you will find the most representative pictures of my poetics,
photographs that were recently shown in museums and art galleries in Italy and
abroad.

You will also find a very personal symbolism.
This symbolism is the outcome of an elaboration process of contents being part of
my life.
Fantasy has kept out invention.
You might have the impression I have written a tale.
Instead, it's all true.

Ballata di un Treno Lento

Ballad of a Slow Train

Testi e Fotografie

Words and Photographs

Antonio Buttitta

Notte fonda.

L'auto di uno degli ufficiali è ferma nel parcheggio.

Uno sportello si chiude.

Qualcuno è sceso dalla macchina.

In the dark of night
one of the officers' car is in the parking lot.
- Noise of door shut -
Somebody got off.

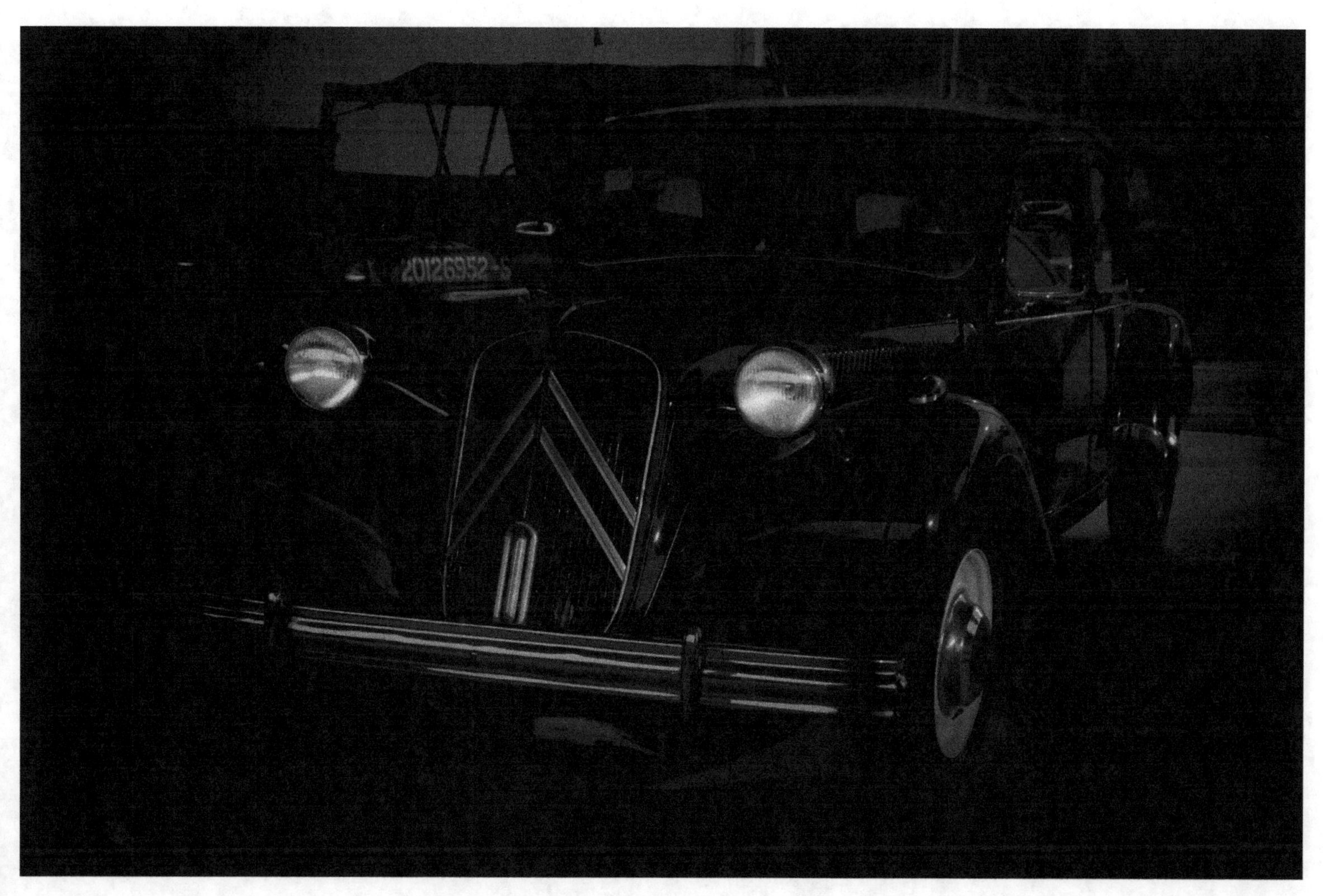

Dei passi.
Lenti.
Per strada.
Poi sulle scale.

Sound of steps.
Slowly.
On the causeway.
Then on the stairs.

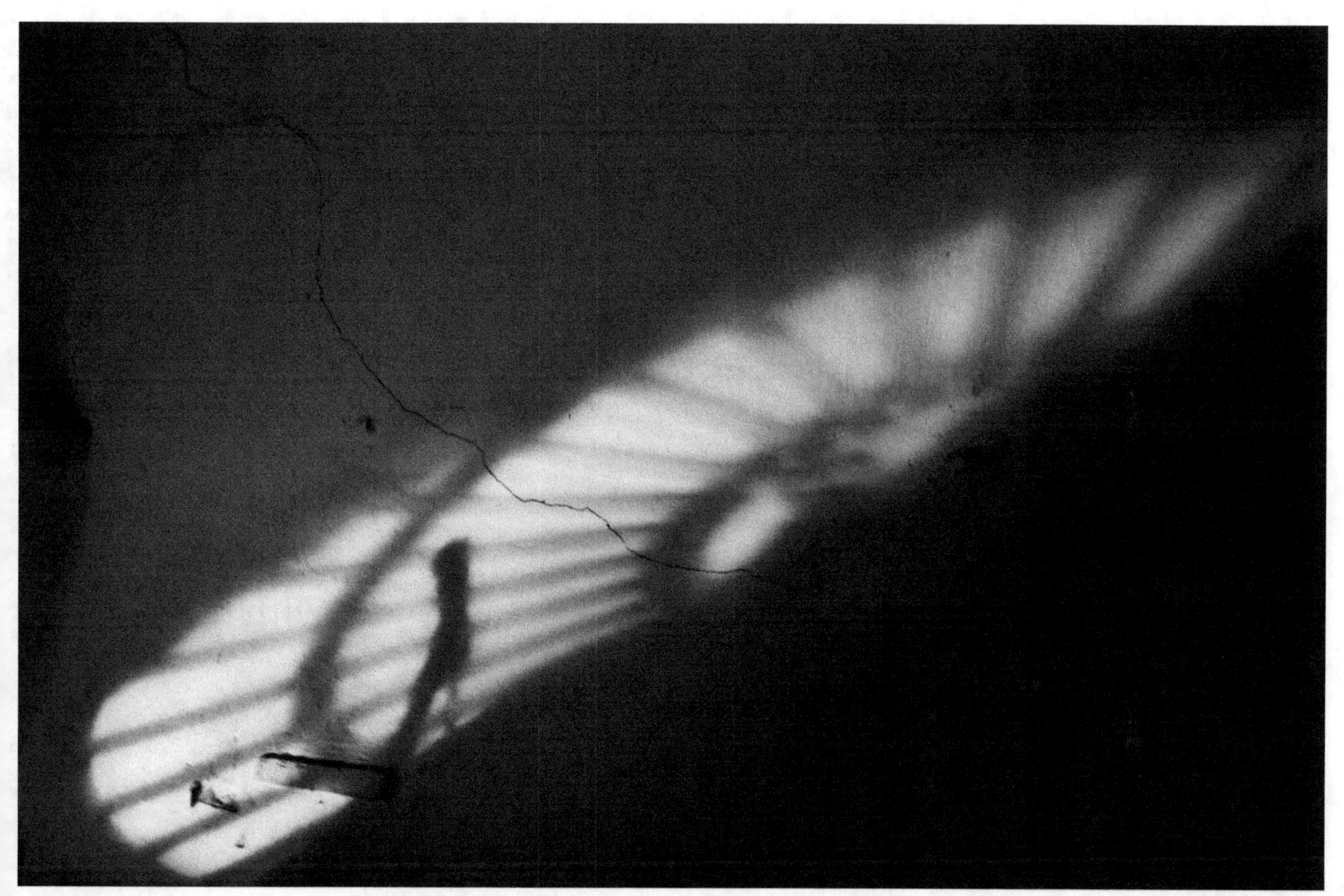

I passi si fermano.
Si sente bussare delicatamente
ma insistentemente
con il palmo della mano.

Steps stop.
Sound of delicate
but persistent knocking
with the palm.

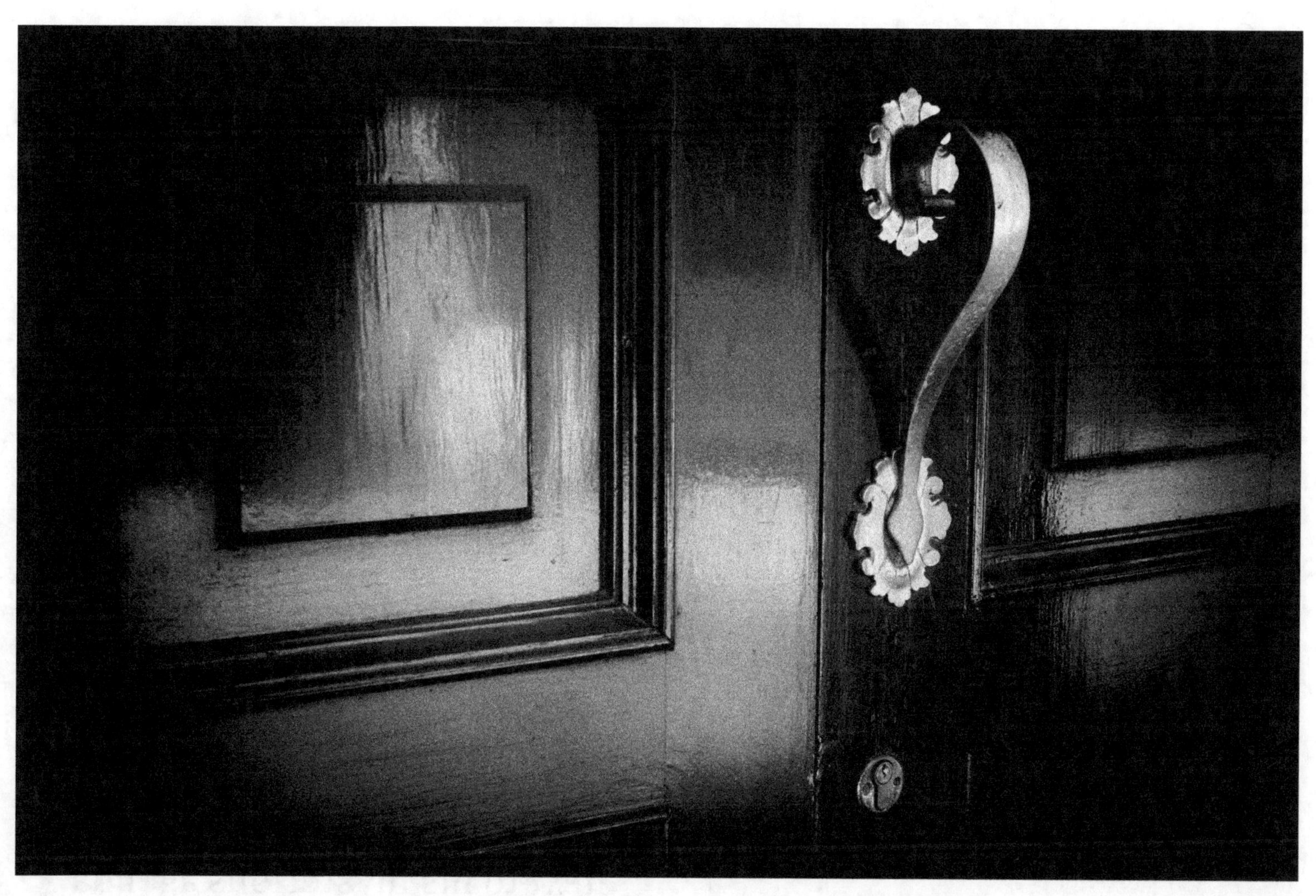

Lui è al telefono. E' sorpreso.
Chi può essere a quest'ora ?
Con voce profonda dice
"Avrei dovuto prendere quel volo per Parigi insieme a te.
Adesso non sarei in questo inferno.
Attendi un attimo, c'è qualcuno alla porta."
Si alza dal divano, lasciando la cornetta poggiata
sulla sua misteriosa agenda...

He's on the telephone. He's surprised.
Who can it be at this time ?
In a low voice he says
"I had better fly to Paris with you.
I wouldn't be in this hell, by now.
Hold the line, there's somebody at the door."
He stands up, leaving the handset
next to his mysterious agenda.

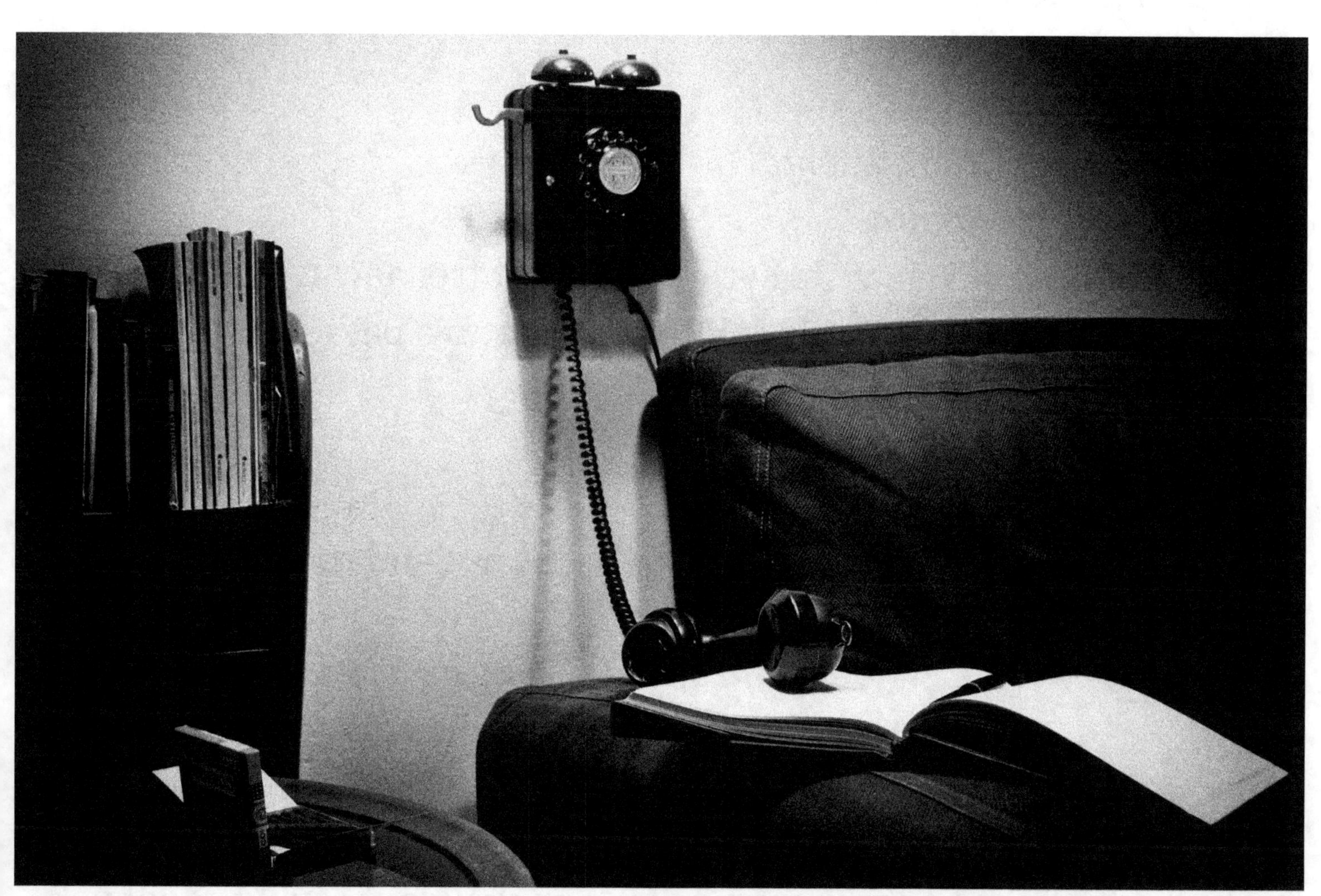

Ma la pellicola si rompe
e ad un tratto il film si ferma.
"Mi dispiace, veramente…"
- E' la ragazza della cassa -
"… Ma non posso farci niente,
è la pizza che è saltata."
Le rispondo "L'ho già visto sette volte, lo potrei anche recitare."
Mi infilo le mani in tasca, la saluto, e mi metto a passeggiare.

But out of the blue
the film rips out and the movie stops.
"I'm so sorry,
I'm afraid there's no chance to fix it, Sir."
- It's that girl, the ticket clerk -
"This film, you know, is way too old."
Then I say "Oh, I've seen it seven times. I could even play a part."
I put my hands in my pocket, and walk out saying goodbye.

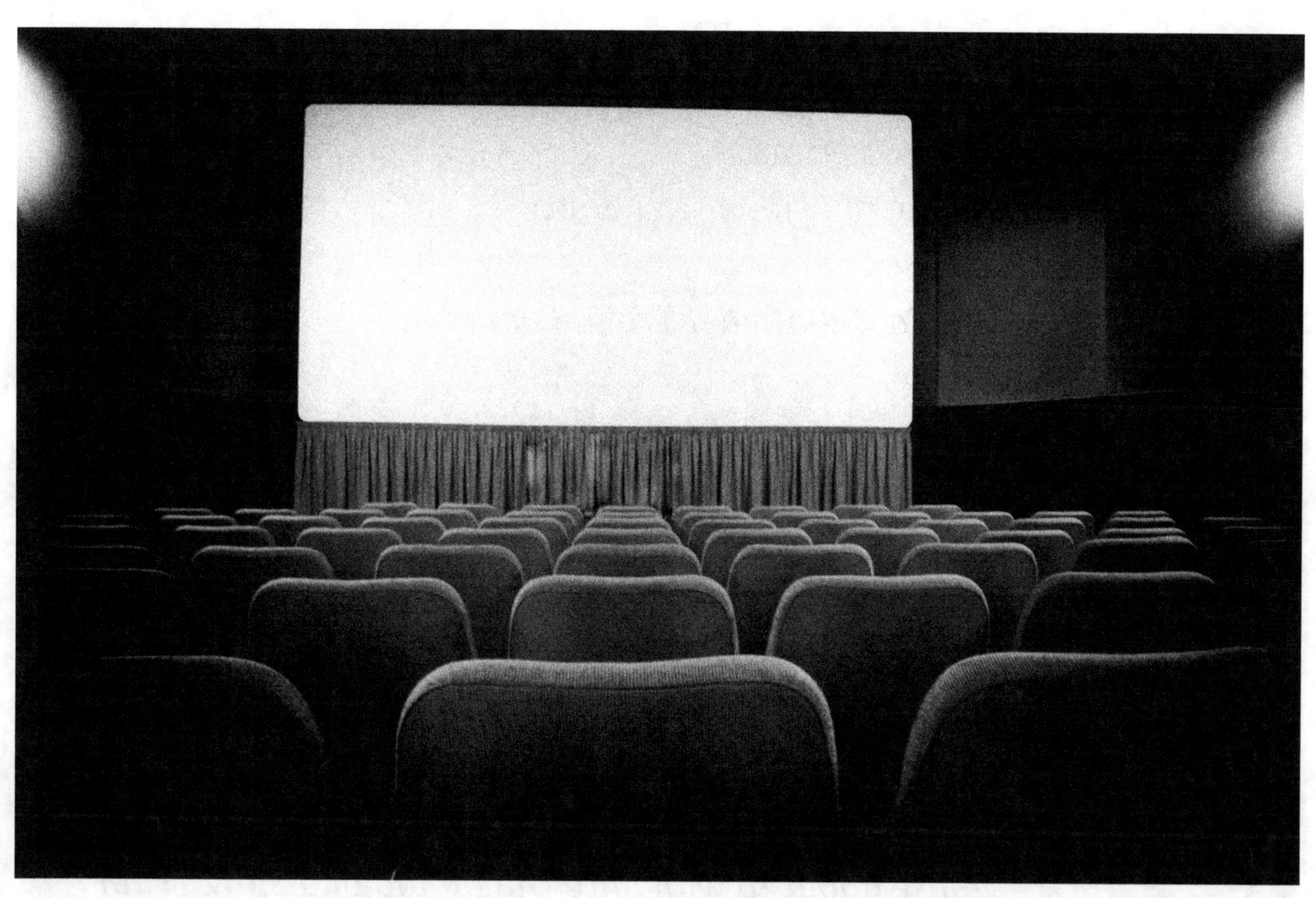

Conosco un posto, dove vado volentieri
nei giorni neri e nei momenti come questo.
Di tutta la città fa il miglior caffè con panna.
Ma una maschera mi sfiora,
come uscita dal suo dramma,
mi urta, non si scusa, ma sibila tra i denti
"Ragazzo sii contento !
Stai per entrare nella Ballata del Treno Lento."

There's a place I gladly go to
in blue hours and days alike.
In town, no doubt, the best coffee and cream.
But as sliding out of his drama
a mask hits hard my arm,
does not excuse himself, but hisses between his teeth
"My dear fellow, don't complain,
you're about to walk into the Ballad of a Slow Train !"

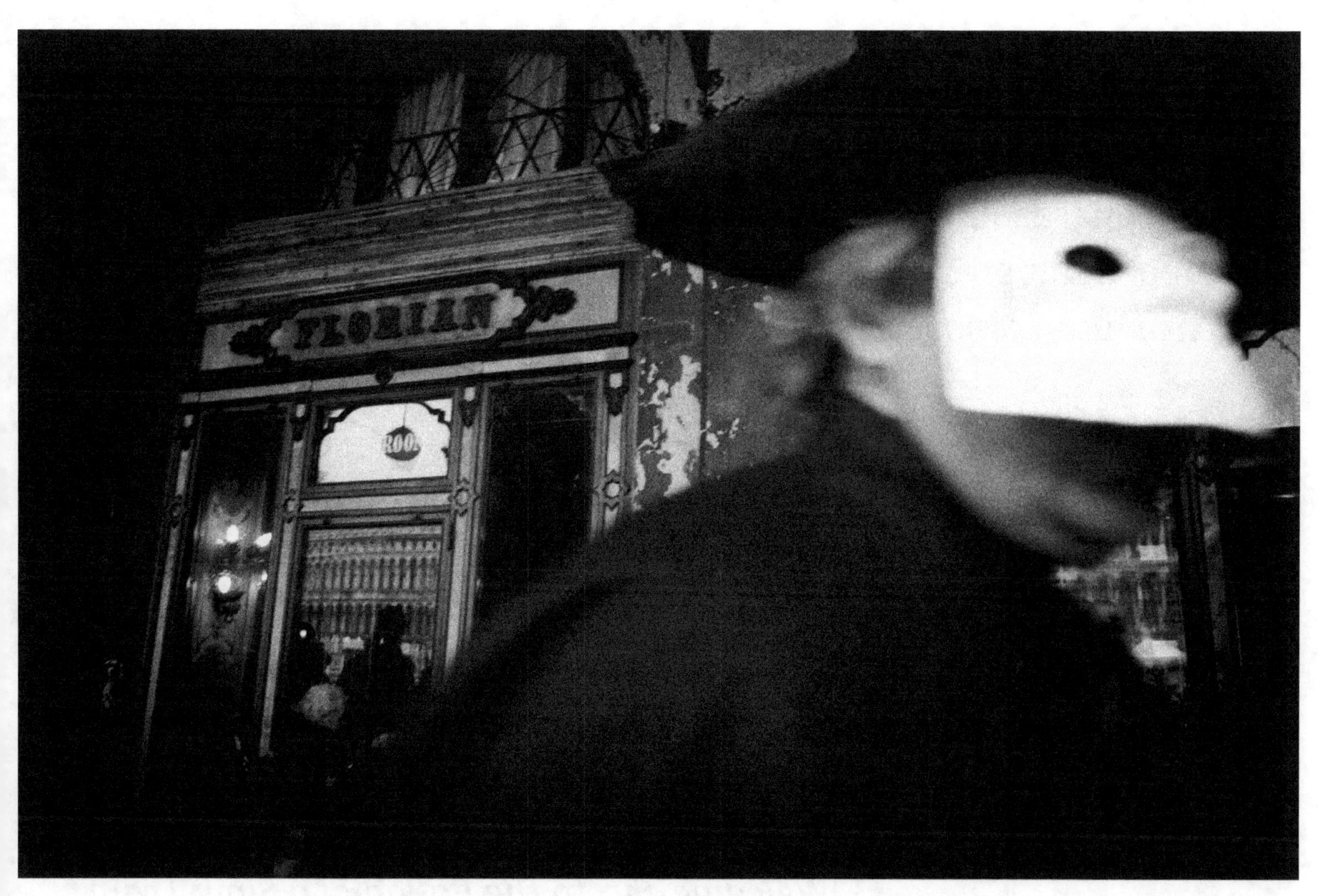

FLORIAN

Mai piaciuto il Carnevale, in giro è pieno di imbecilli.
Entro nel locale, è libero un buon tavolo.
Un cameriere sorride a una ragazza
mentre le porge la sua tazza,
il pianista suona un pezzo,
poi mi guarda di traverso,
e dopo un lungo assolo dice
"Benvenuto, Signore, nella Ballata del Treno Lento."

I've never liked the masquerade, it's only a crowd of fools around.
As I come into the café, I find a free good seat.
A waiter is smiling to a girl
while bringing her a cup of coffee,
the piano player is playing the blues,
- weird - it's at me he is glancing slantingly,
and only after a long solo says
"Welcome, Sir, to the Ballad of a Slow Train."

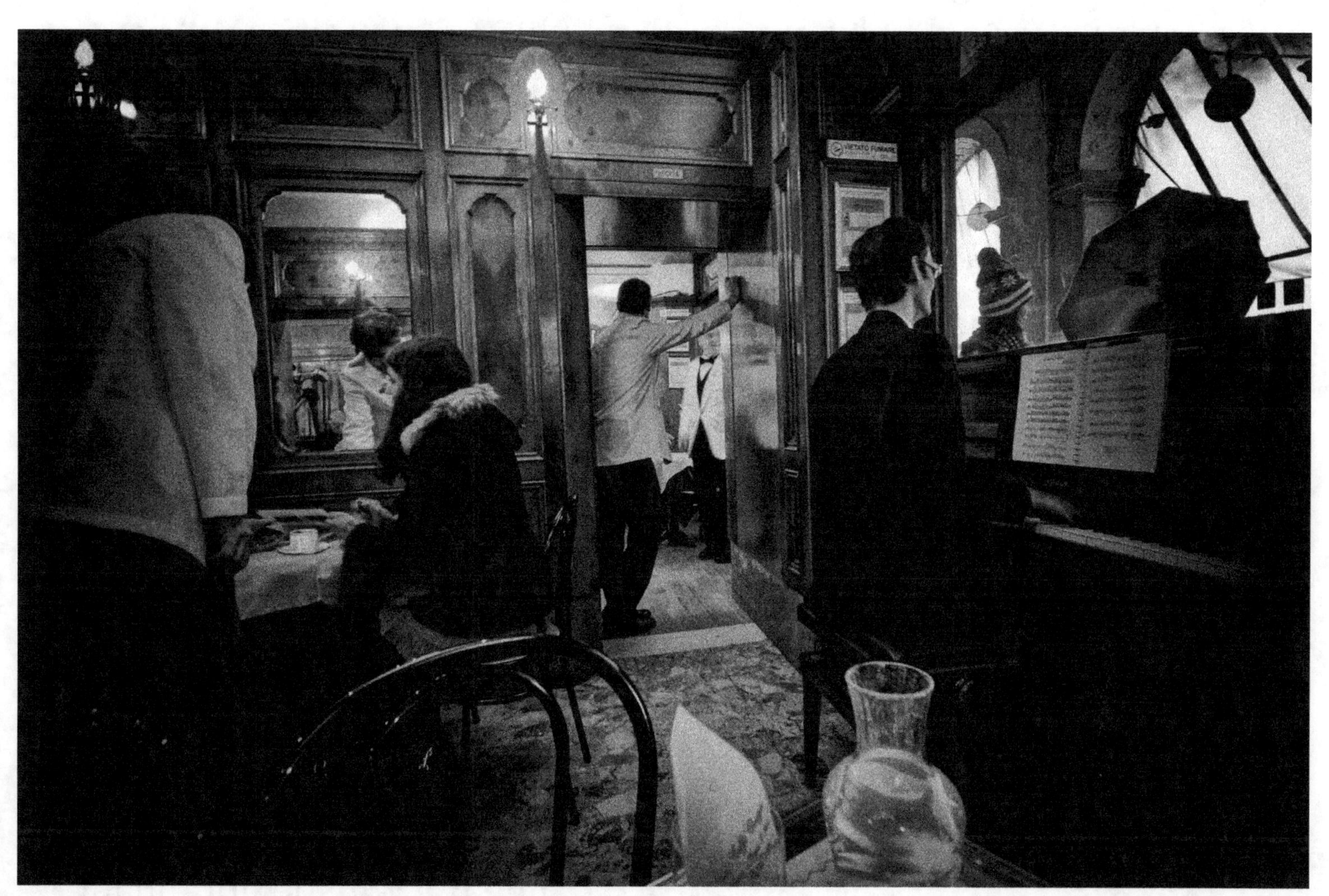

E' proprio a me che si è rivolto,
guardandomi negli occhi,
e con la stessa frase dell'uomo col mantello !
Tra il disagio e lo spavento punto rapido la porta,
esco e corro tra la folla,
e d'istinto giro a destra,
credo che ho evitato il rischio,
ma da non troppo lontano all'improvviso sento un fischio.

He has looked into my eyes
while speaking the same words
I have heard from that white mask !
I am scared, I'm really scared, I run quickly for the door,
I get out and rush into the crowd
and by instinct I turn right,
and as I think I'm out of danger
I hear a whistle not too far.

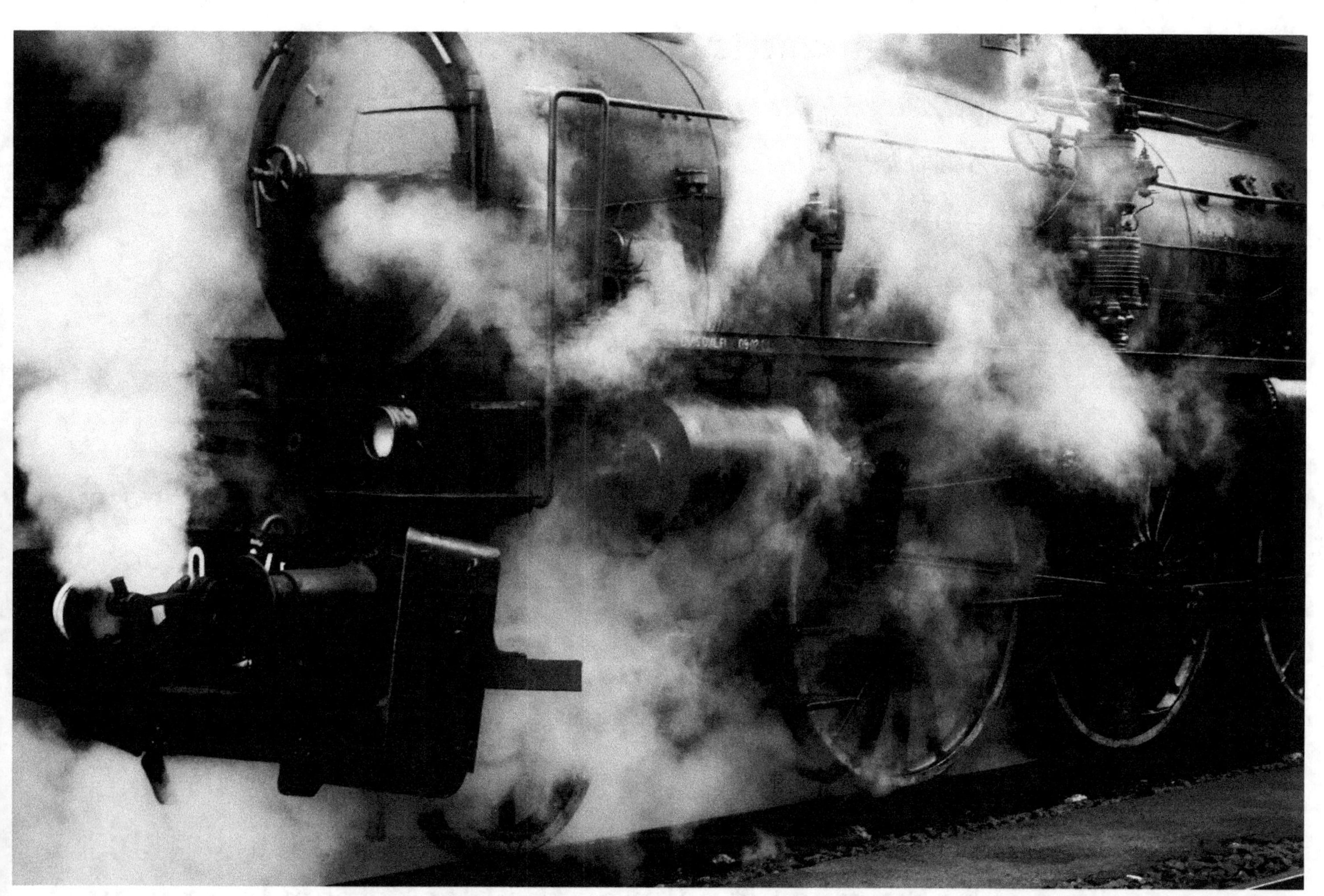

"In carrozza, vai, ragazzo,
che noi il più qui è quasi fatto !"
Nel rumore generale gli chiedo qual è l'ultima stazione.
"Non sono io, ragazzo, e non sei tu,
non t'illudere, a scegliere la tua destinazione."
E ad un tratto un altro fischio, e poi aggiunge *"E' solo Dio..."*
Il macchinista si aggiusta controsole la visiera
e batte due volte un palmo sulla locomotiva nera.

"All aboard, c'm on you boy,
we'll be done, here on, quite soon !"
In this moment of confusion I ask him "Where is the last station ?"
"It's not me, oh, boy, and it's not you, don't kid yourself,
who has the privilege of choosing your Last Stop."
I hear another whistle, and then he smiles *"It's only God..."*
The trainman fixes his peak backlight
and twice he thumps his palm on the black steam locomotive.

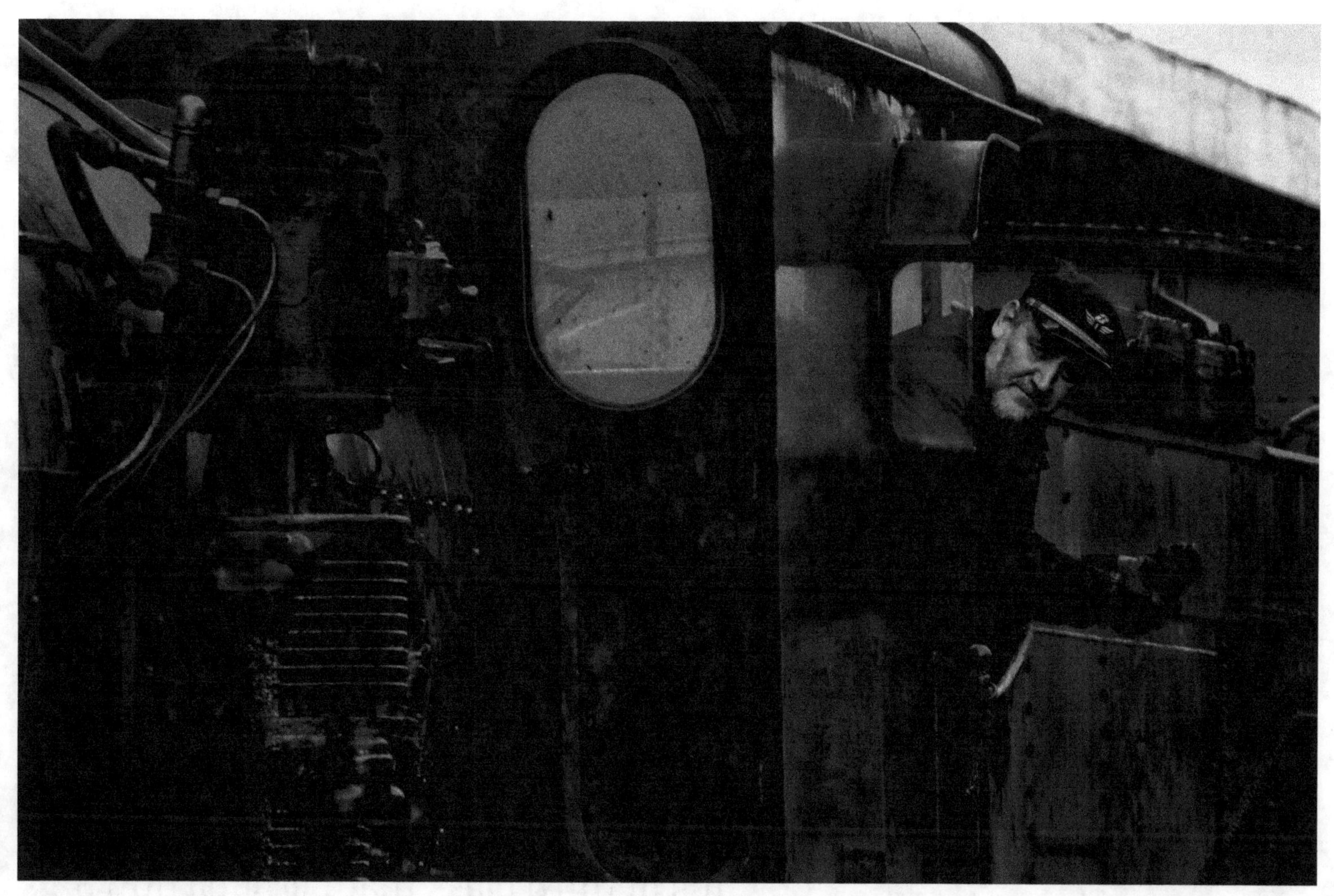

Poi rientra ai suoi comandi,
e io resto lì impalato.
Uno scatto, salgo al volo,
e lì mi chiedo "Perché l'ho fatto ?"
nel vagone io da solo,
è una cosa d'altri tempi,
e poiché non ho il biglietto
è in terza classe che mi acquatto.

Then returns to the controls.
I stand just there stock-still.
In a fast twitch I jump on
and there I ask myself "Why did I ?"
In the coach it's me alone,
inside a thing of times gone by,
as I don't have any ticket
it's in third class that I crouch down.

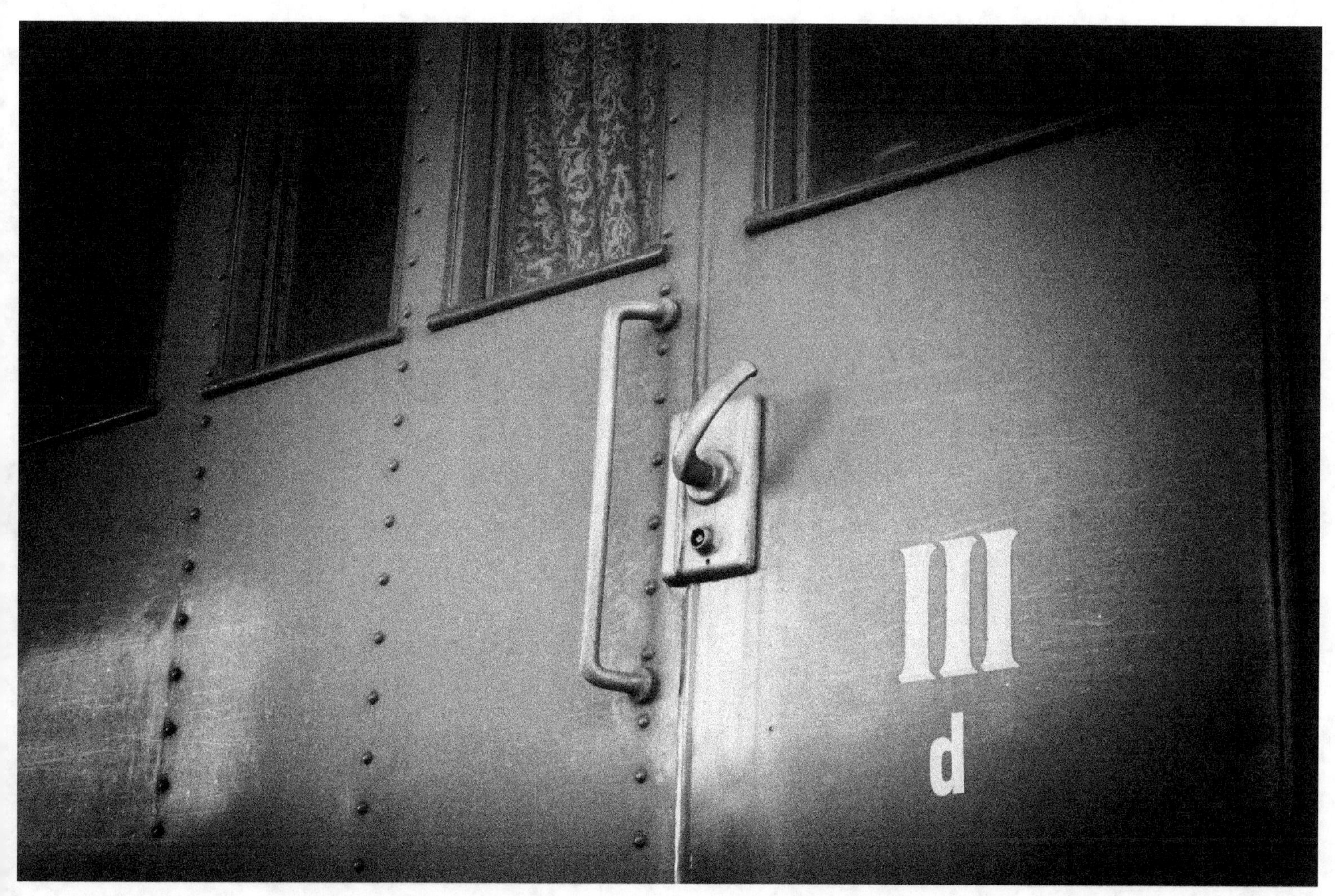
III
d

Parte lento.
Dopo ingrana.
Leggermente irregolare,
quando poi inizia a sbuffare, però,
sembra non volersi più fermare
e non mi resta che dormire, e lasciarlo dondolare...

Shùffata – Schuffàta – Shùffa   Shùffata – Schuffàta - Shùffa
Shùffata – Schuffàta – Shùffa

Moving slowly,
there it goes,
slightly irregular,
but as it starts to blow and puff,
it seems it will no longer stop,
and simply lulled and lulled I fall asleep...

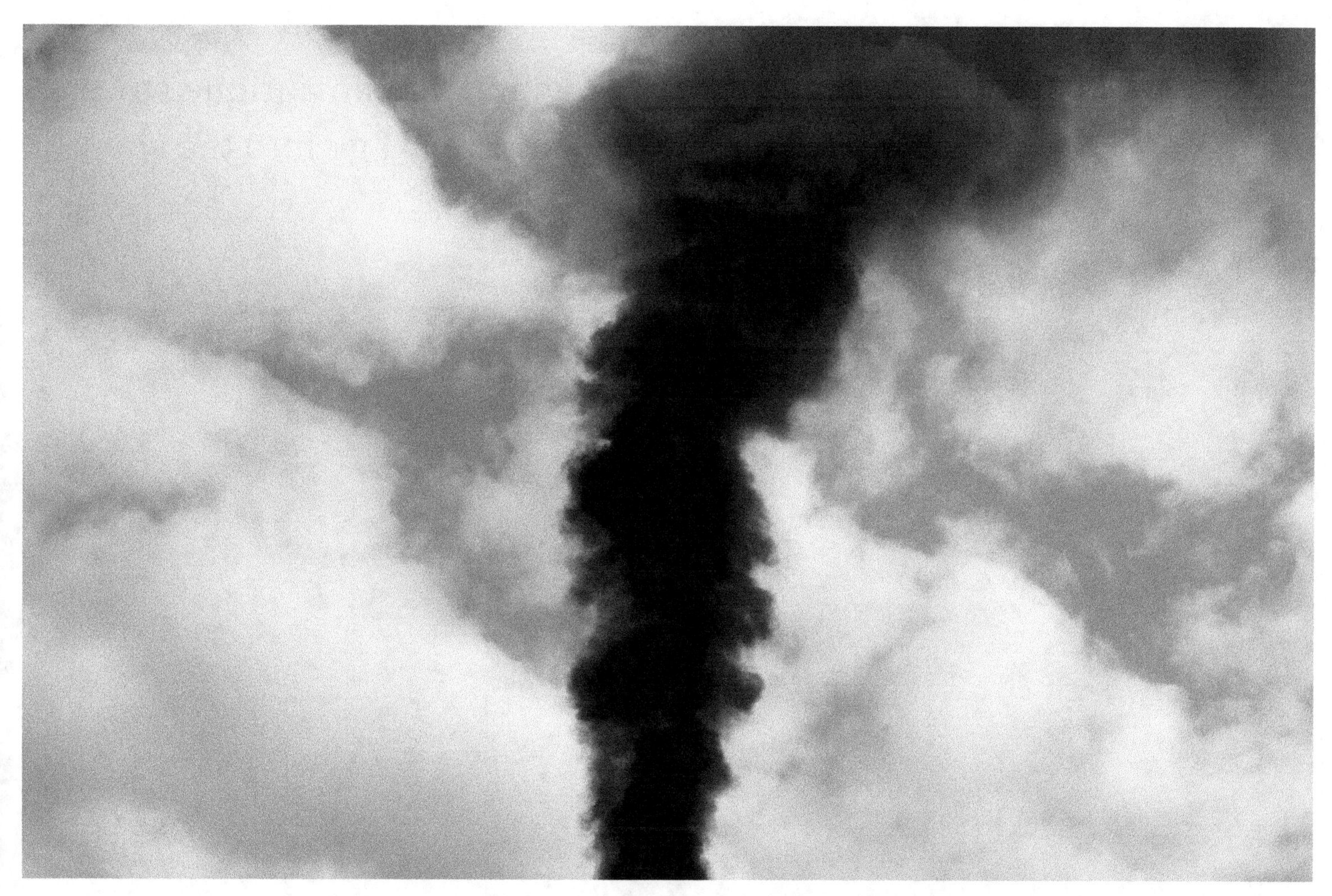

Vedo, nel mio sonno, una vetrina d'antiquario.
Entro nel negozio attratto dal mistero.

I remember in my dream the window of an antique store.
Attracted by the mystery I go into the shop.

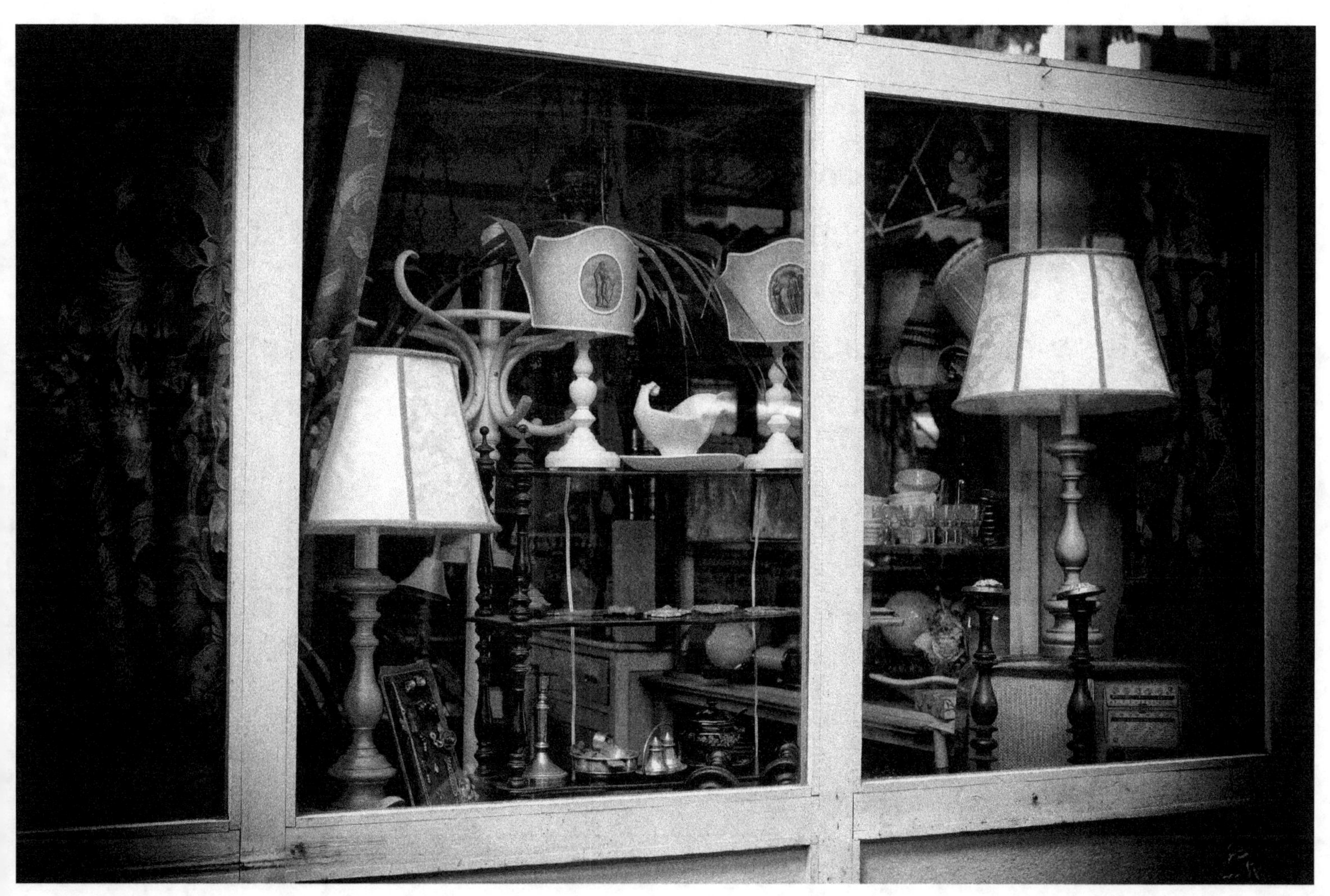

Lampade in gran numero, ed alambicchi strani,
e dopo un po' che sono entrato sento voci che bisbigliano.

Lamps were in great number, and weird transparent alembics,
after a while I'm browsing inside, I hear some whispers of soft
voices.

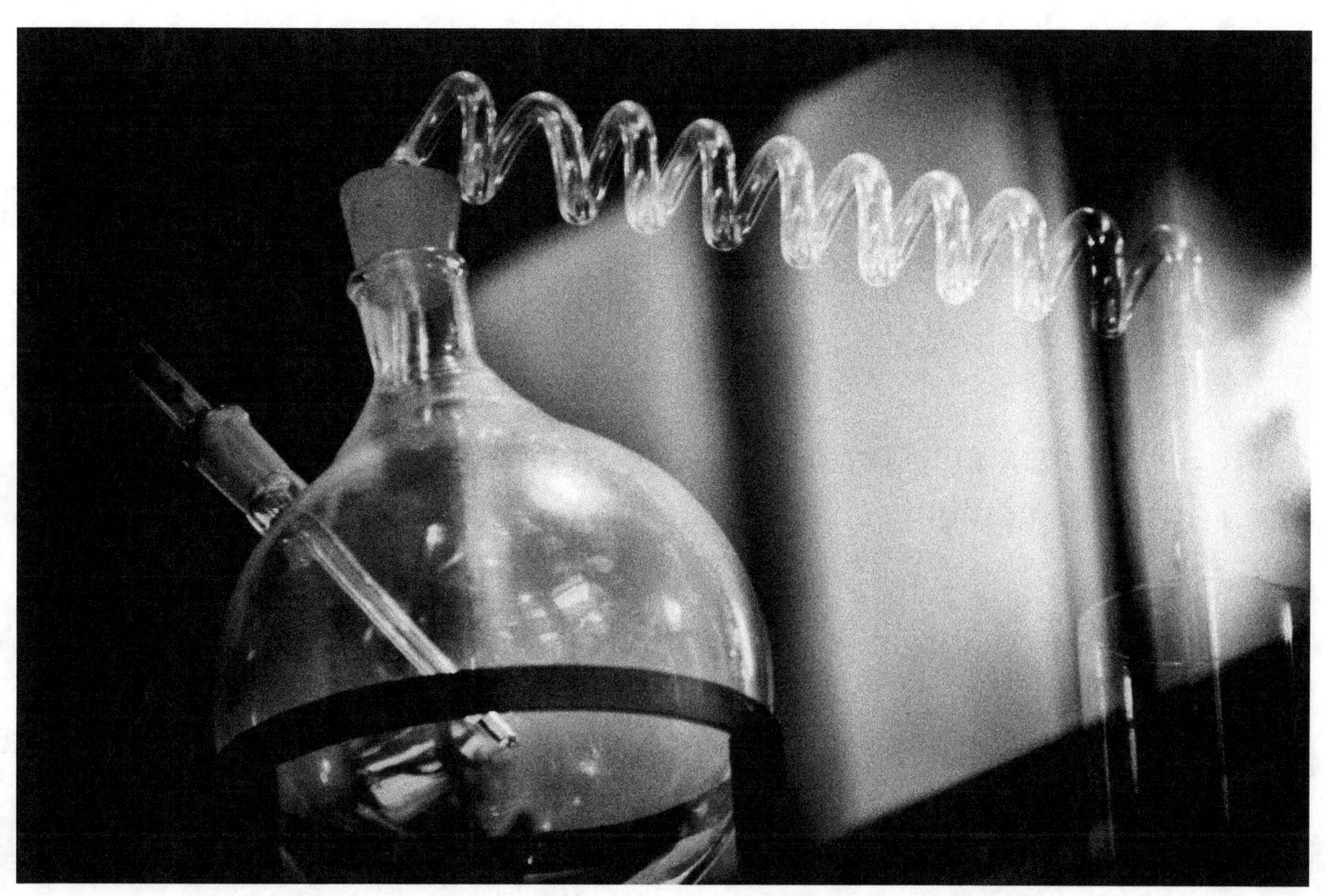

Mi guardo meglio intorno. *"Questo posto ha molti piani"*
mi dicono le bambole che mi guardano e ridacchiano.

I take a look around. *"This place has many floors"*
say the sniggering porcelain dolls.

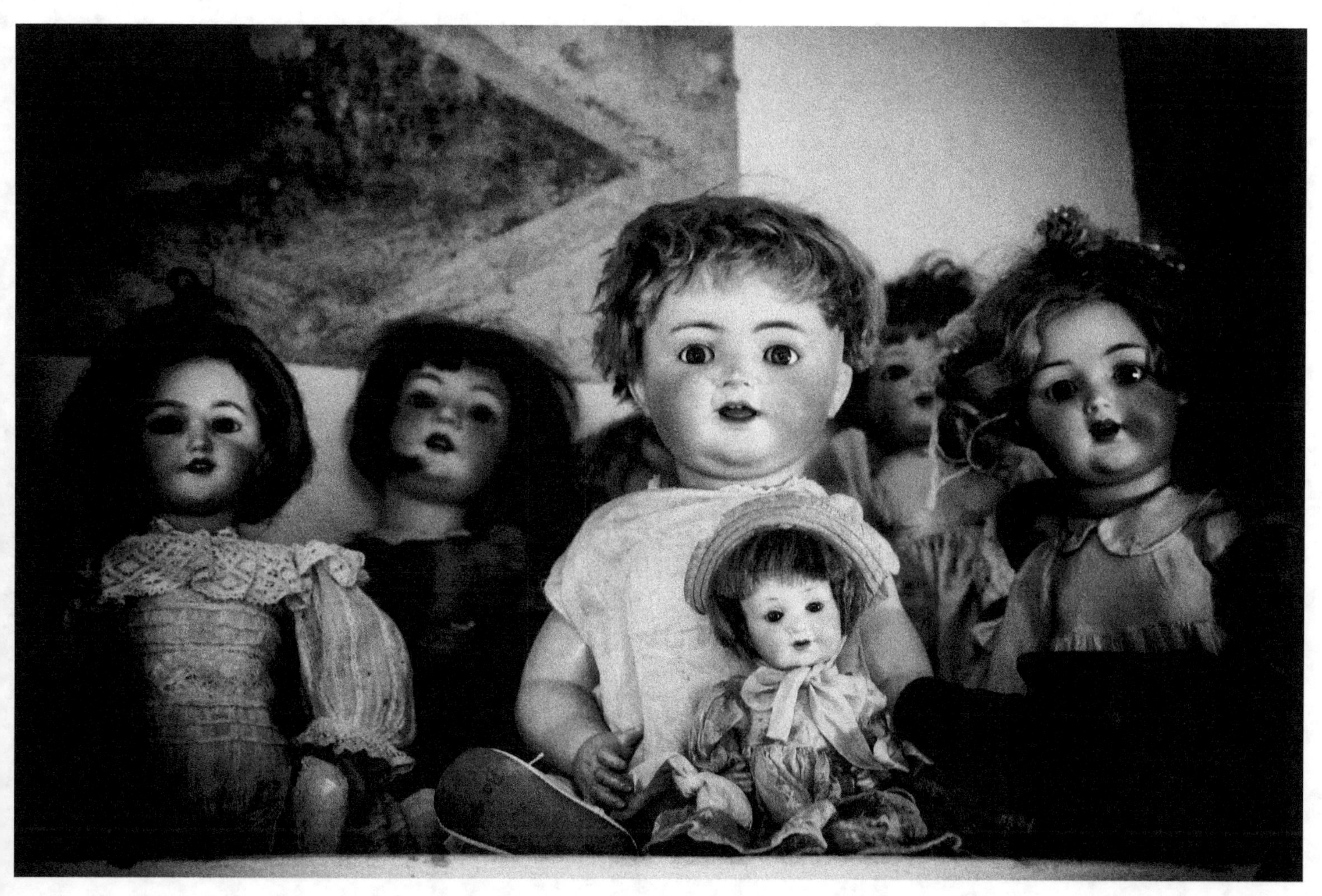

In una delle stanze una scala porta in alto,
e seguo quella luce molto fredda color cobalto.

In one small room long stairs lead up,
I can't resist that cold cobalt blue light.

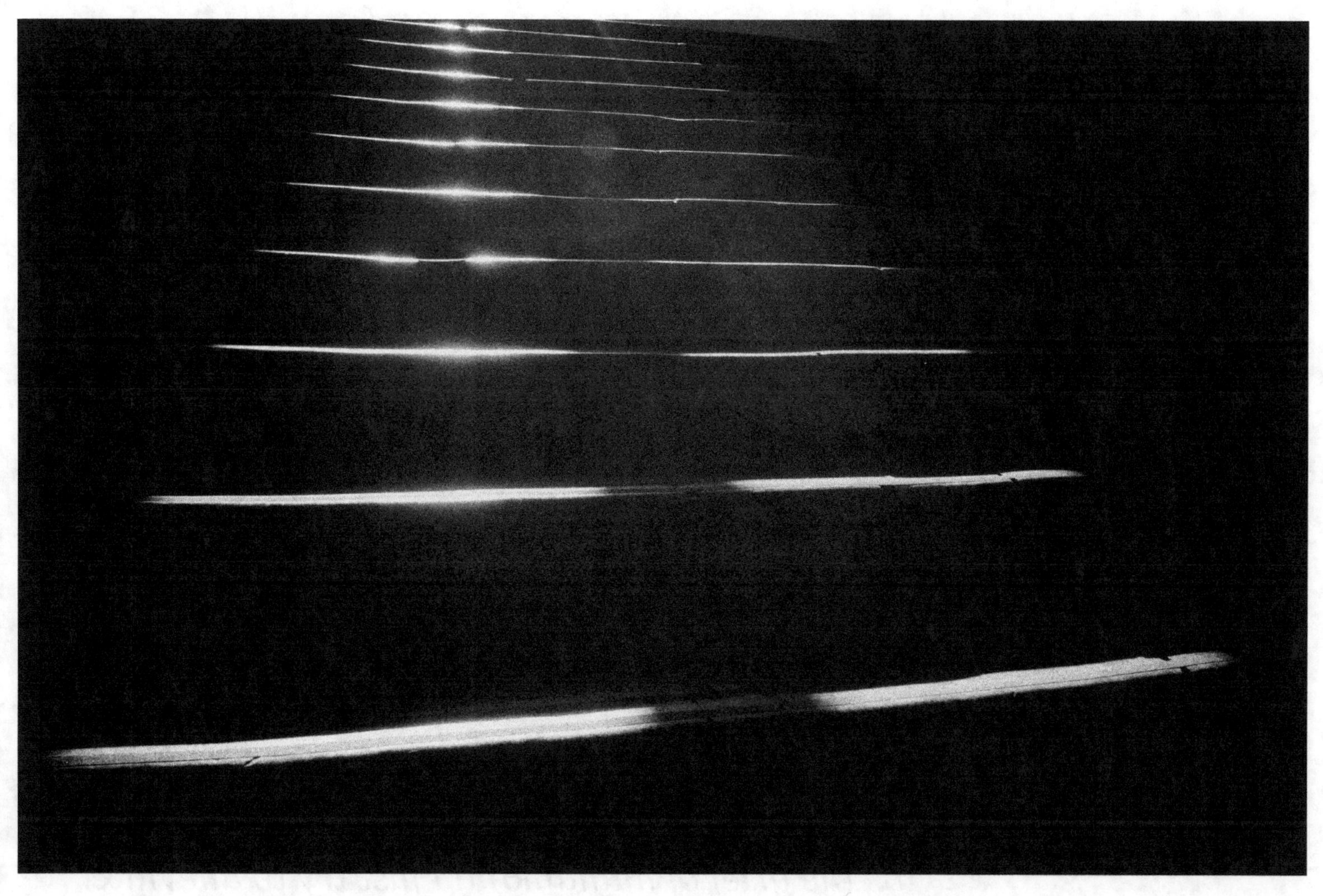

Una misteriosa maschera poggiata sopra un ceppo
che ha un'incudine ghiacciata
per cassa di risonanza
e vuole trascinare la mia anima
a un collasso senza speranza
con voce d'eco parla dal centro della stanza
"La vita è una fatica inutile, e ha un ché di deludente.
Io cerco di alleviare l'affanno dell'umana gente."

A mysterious mask is lying on a log,
using an anvil made of ice
as a proper sounding board,
and wants to drag my soul
to a no way out collapse
with voice of echo speaking from the middle of the room
"Life is a strain, and has a note of meagerness,
It's the grief of humankind I just try to alleviate."

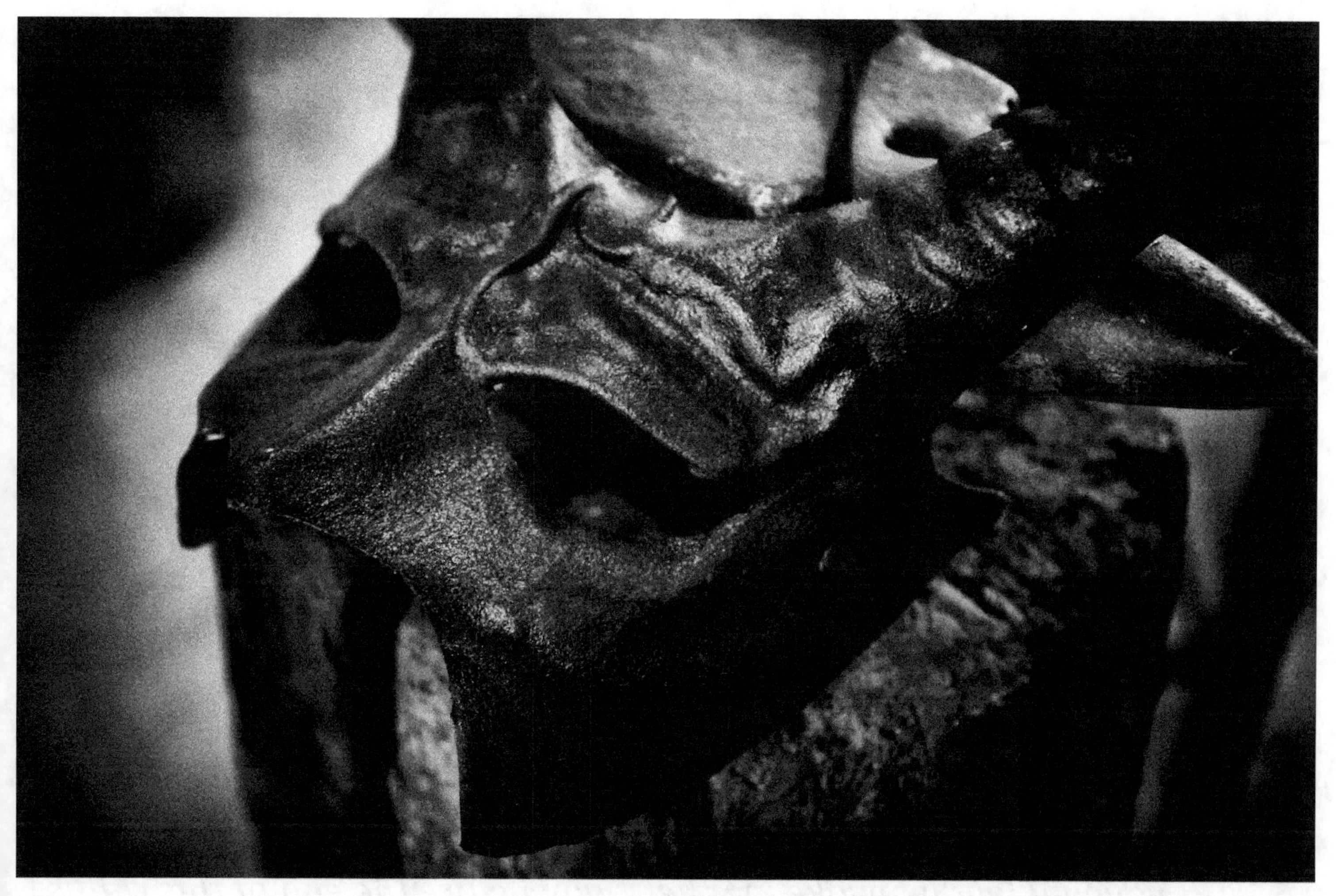

Non so con che coraggio io rispondo a quella voce
"Tu sei quello che penso ?"
"Io sono Mefisto, padrone delle fiamme dell'inferno.
ho nomi, e voci, e sembianze e forme mille.
Questa vecchia locomotiva è destinata ad un abisso eterno.
Finirai la lenta corsa in un fatal binario morto.
Per la disperazione, e per salvare la tua vita,
verrai ad invocarmi, ben prima che la strada ferrata sia finita."

Don't know with which fortitude I answer to the voice
"Are you the - what - I think ?"
"I am Mephisto, the lord of icy hell.
Thousands of voices and features, and figures and names I have.
This old locomotive is directed to the eternal nether world.
You'll end up your sad slow ride in a fateful dead end truck.
In despair, to save your life,
you will loudly invoke me then, way before the end of this rail."

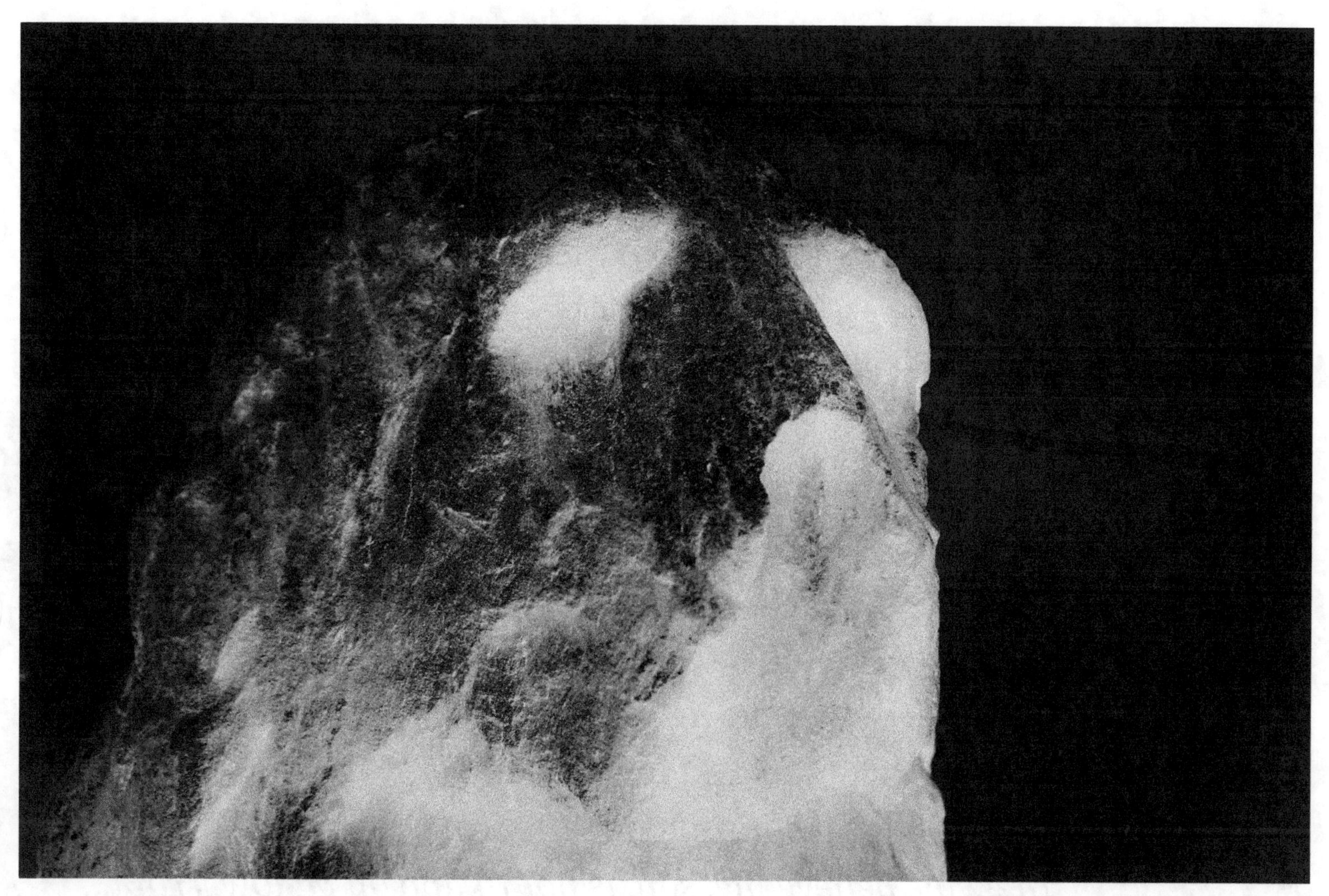

Mi sveglio di soprassalto e all'improvviso.
Mi sento come avessi le ossa rotte.
Non sono solo nel vagone, e questo mi conforta.
Un bluesman vecchio stampo, con il viso
di uno che è in attesa di suonare al suo Ultimo Concerto,
mi guarda da lontano e mi parla da sotto il cappello.
*"Il modo di sfuggire al demonio che ti insegue come il vento,
credimi, ragazzo, non è saltare su un Treno Lento..."*

In an offhand way I wake up with a sudden jump.
I feel as if my bones were hardly crushed.
I'm not alone in the caboose, and in that I take comfort.
An old-school bluesman, with the face of one
who's waiting for his Last Concert to be played,
watches me from a distance, and talks from below his hat in white.
*"To escape the evil chasing you like the wind howling in the rain,
the way, believe me, son, is not to hop on a Slow Train..."*

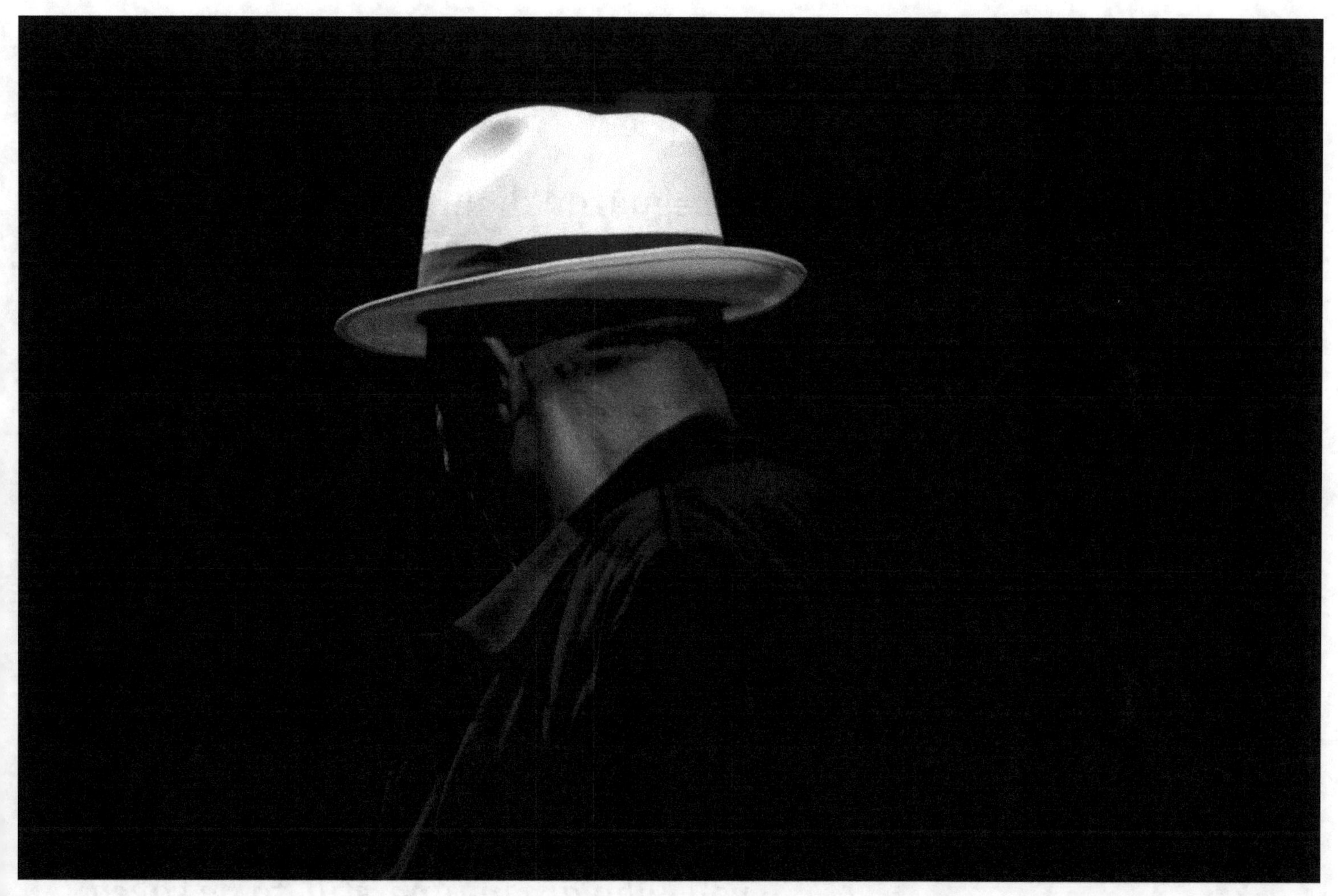

Io mi alzo dritto in piedi
e rimetto a posto i pezzi,
ma non sono ancora sveglio, e gli inciampo nel bagaglio.
Lui fa un po' finta di niente,
e mi guarda come a un figlio,
e solennemente aggiunge con lo sguardo di un Pastore
"Tu conosci le Scritture ? Isaia 55, leggilo d'un fiato,
tu che sei ancora in tempo per salvarti dal peccato !"

I stand upright
and put myself back on my feet,
but I'm not yet wide-awaken, and I stub my toe on his baggage
"No !"... He acts as if nothing happened,
and now looking at me like a son,
solemnly declares with the sharp look of a Shepherd
"You know the Scriptures ? Isaiah 55, read it straightaway,
you, who are in time, still, to be saved."

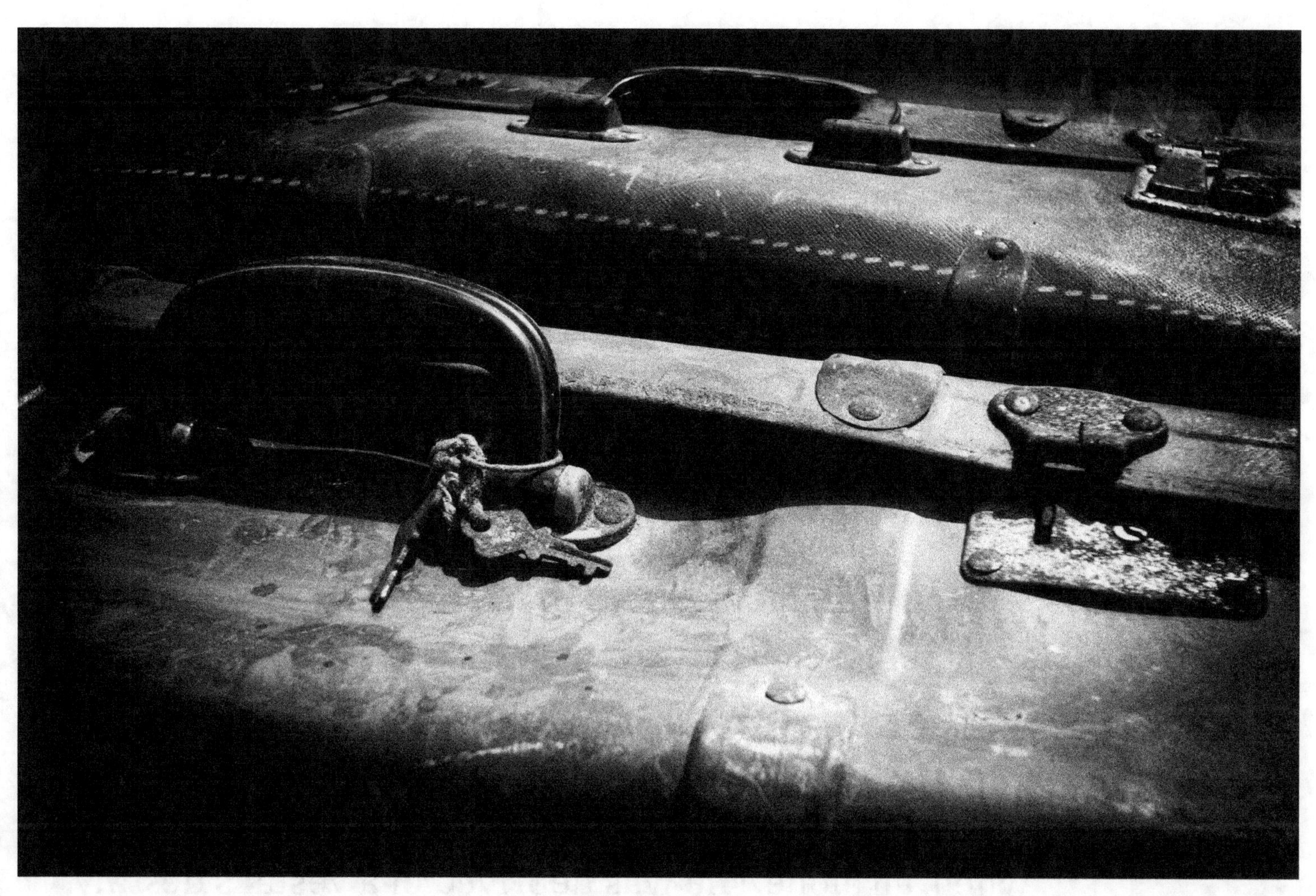

Sull'ultima parola accende un sigaro cubano,
e l'odore un po' molesto
mi spinge a fare un giro per lo scompartimento.
Vedo l'ombra di una bimba nel vagone ristorante.
Avrà non più di sette anni, e sta mangiando il cioccolato.
Se ne sta lì, tutta tremante perché ne ha già viste tante.
E' nel buio, dove sfugge al ricordo di un Natale
quando, sola, fu privata di un destino da vestale.

On the last word he lights a Cuban cigar, and the annoying smell
leads me to get around in the compartment.
I see the shadow of a child in the elegant dining car.
She might be eight or seven, and she is eating chocolate.
And she is there, trembling, lonely,
'cause she has made some bad ordeal.
She is in darkness so as to elude the memory of a Christmas
when, all alone, she was deprived of a vestal's destiny.

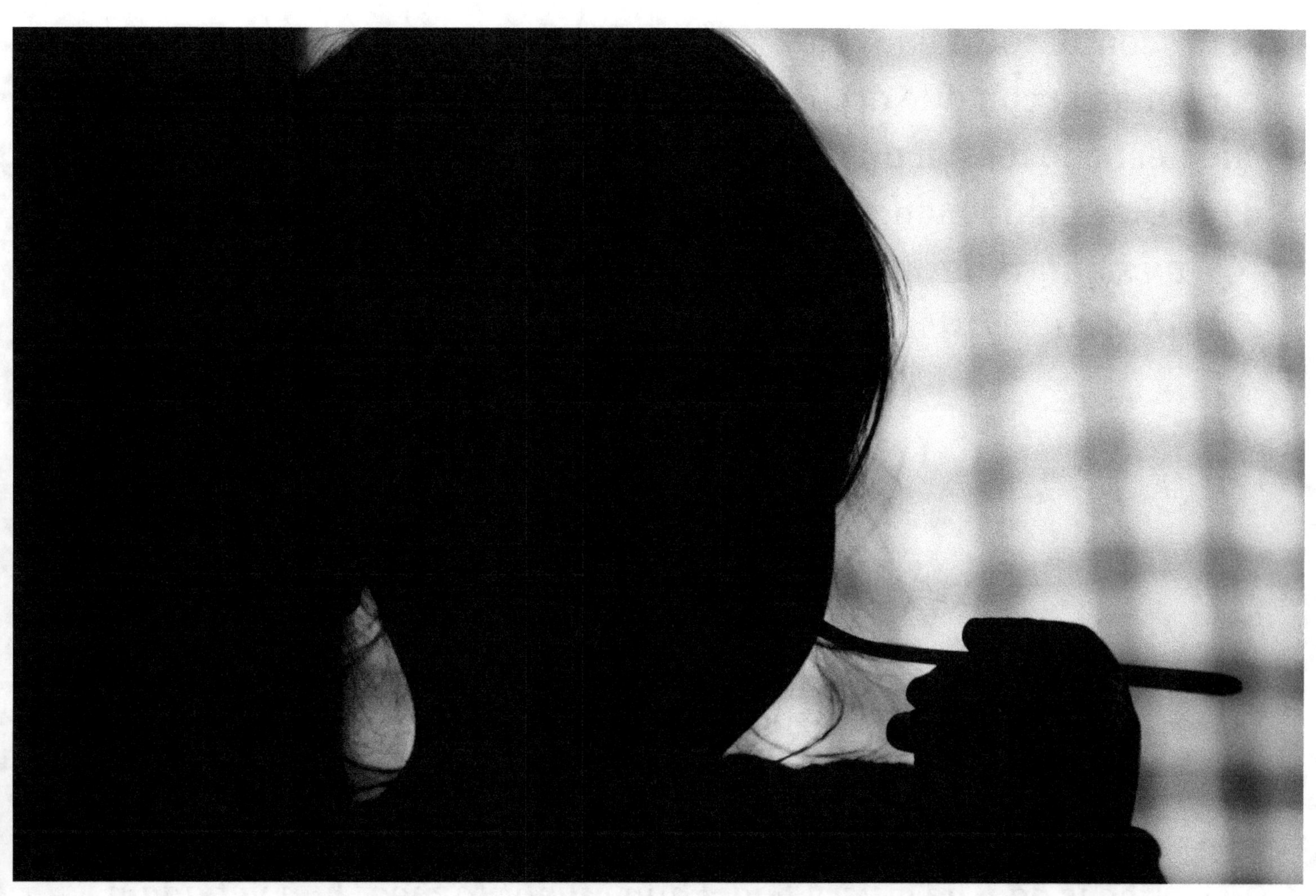

E' un po' timida e impaurita
ma non lascia il suo cucchiaio.
Si nasconde sotto il tavolo
e mi guarda con due occhietti
che neanche fossi il diavolo,
e poi dice piano piano
"C'è un signore che mi cerca, lui si è preso il mio Natale,
è cattivo, cattivissimo, non lo voglio più incontrare..."

She is shying around and she is so frightened
but does not leave her precious spoon.
Under the table she hides herself
and looks at me with those big eyes
surprised as if I were the steamy evil myself
and then she gently adds
"A man is looking' round for me, my Christmas he has stolen,
he is bad, he is very bad, I don't want to meet him yet again..."

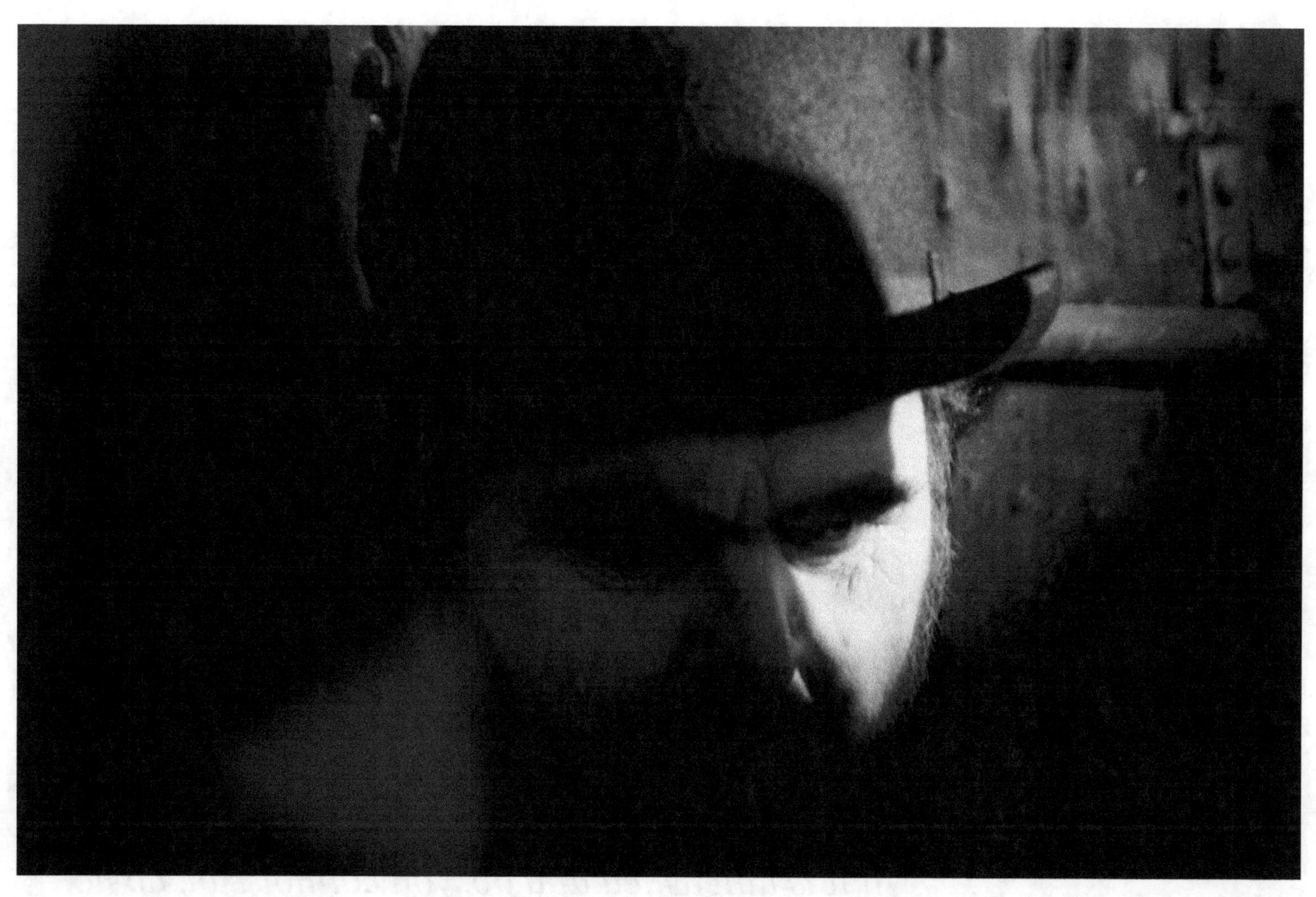

"Ma perché, povera stella, chi è mai questo signore ?"
La bambina non risponde e mi fissa intensamente.
Però poi mi dice piano, con un sorriso un poco strano
"Quel signore fa cose brutte,
le più bruttissime di tutte,
perché ha dentro un lupo grigio col veleno nei suoi occhi,
e se lui lo lascia andare tu non puoi proprio scappare,
resti immobile a guardare tutto quello che lui fa."

"But why, my tiny little star, who is this man you are saying ?"
No answer from the young girl, she hides and stares at me,
instead.
Then she says so gently, with a weird detached smile
"That man has made bad things,
the most most bad of all,
because he has a wolf within, its eyes are like a serum.
If it is unleashed and go, you cannot run, no no,
you just stand still and linger while taking over you it tears you to
shreds."

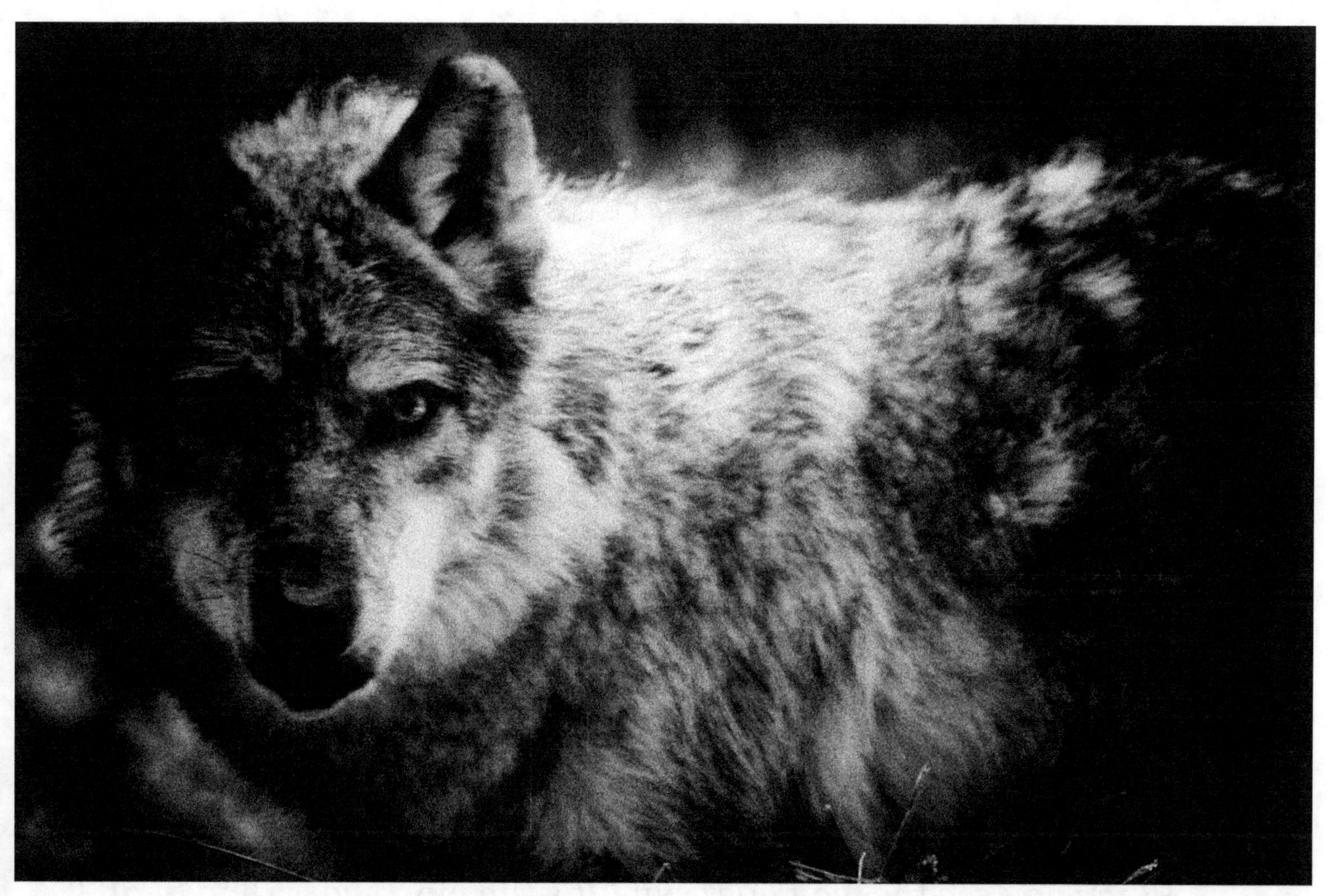

Io però non la capivo, e restavo lì a sentire
ma era chiaro che cresceva in me una forma di amarezza
e un dolore, ma non mio, perché la bimba nel narrare
si doveva allontanare col pensiero da se stessa
e sembrava come un'anima che inizia a fluttuare
sull'orlo della separazione tra la verità e la fiaba.
"Se tu vedi il lupo, scappa ! Lui è il più bruttissimo!
Se tu vedi il lupo, scappa ! Lui è bruttissi-missi-missimo!"

Could only I understand, I stayed and hear, instead,
but it was clear enough that bitterness was growing,
and pain as well, not mine, because the lady, while telling,
had to detach herself from her own thoughts
and seemed like an evanescent soul fluctuating
on the brink of separation between the truth and fairytale.
"If you see the wolf, just run ! It's the most most bad of all !
When you see the wolf, just run ! It's the most worst bad of all !"

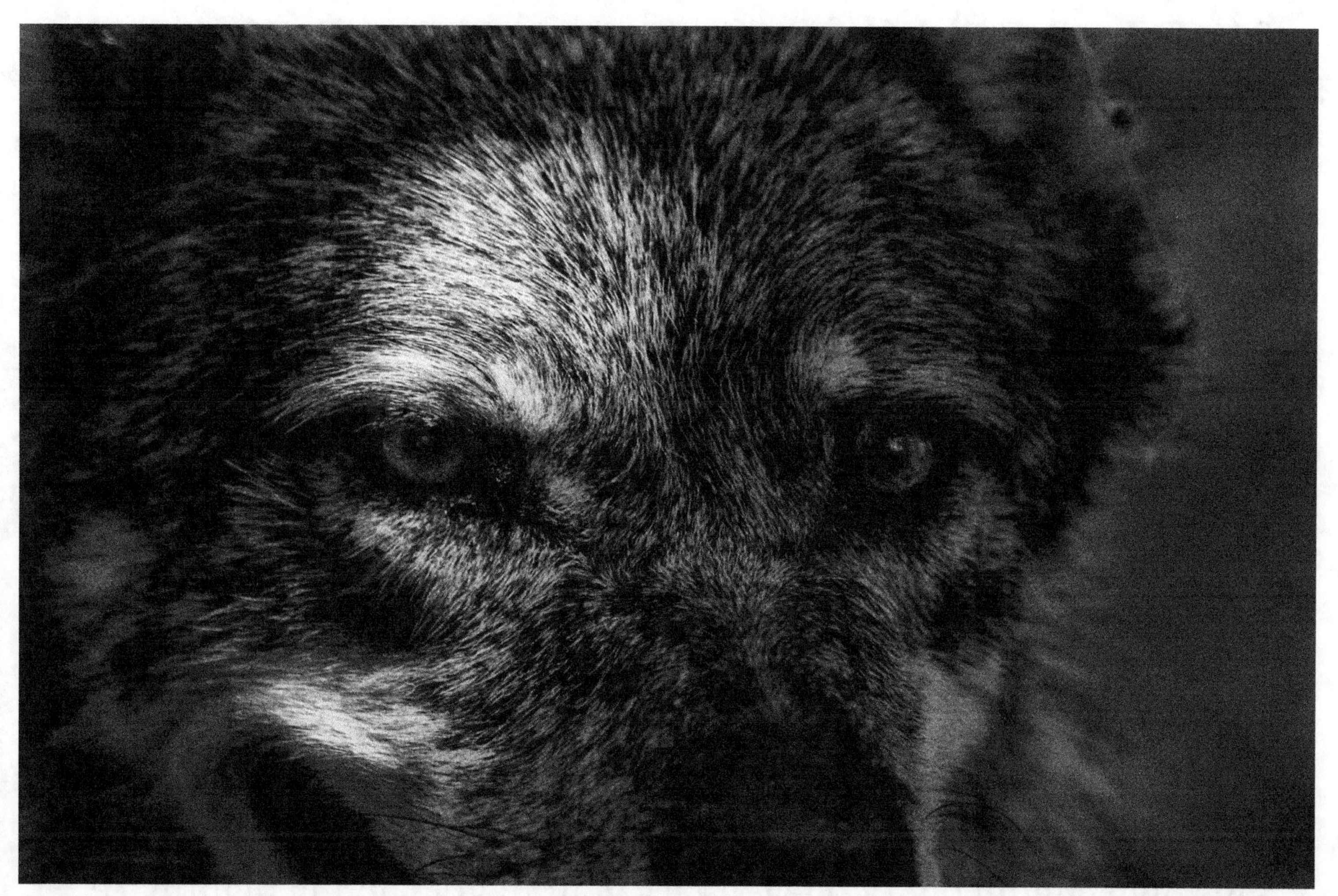

Da un tavolo poco lontano, come da uno specchio di un camerino,
emerge l'immagine in penombra di un'attrice di teatro,
famosa fino a qualche tempo fa, che si prepara per lo show,
e mi sussurra con una certa serietà
*"Tesoro, è da lì che si deve passare se come Shirley Temple si vuol
diventare."*
"Signorina, mi perdoni ma non tutti possono permettersi di
barattare la propria infanzia con una mitica infelicità in cui
brillare."

From a table, not too far, as from the mirror of a dressing room,
in half-light a figure has appeared, quite famous till some time ago
a beautiful theatre actress getting ready for the show,
whispering in a fashioned solemn way
*"Darling, it's through there one has to go,
if the new Shirley Temple one wants to become."*
"Forgive me, Lady, but not everybody can afford to barter
his own childhood for a legendary, hair of gold, living nightmare."

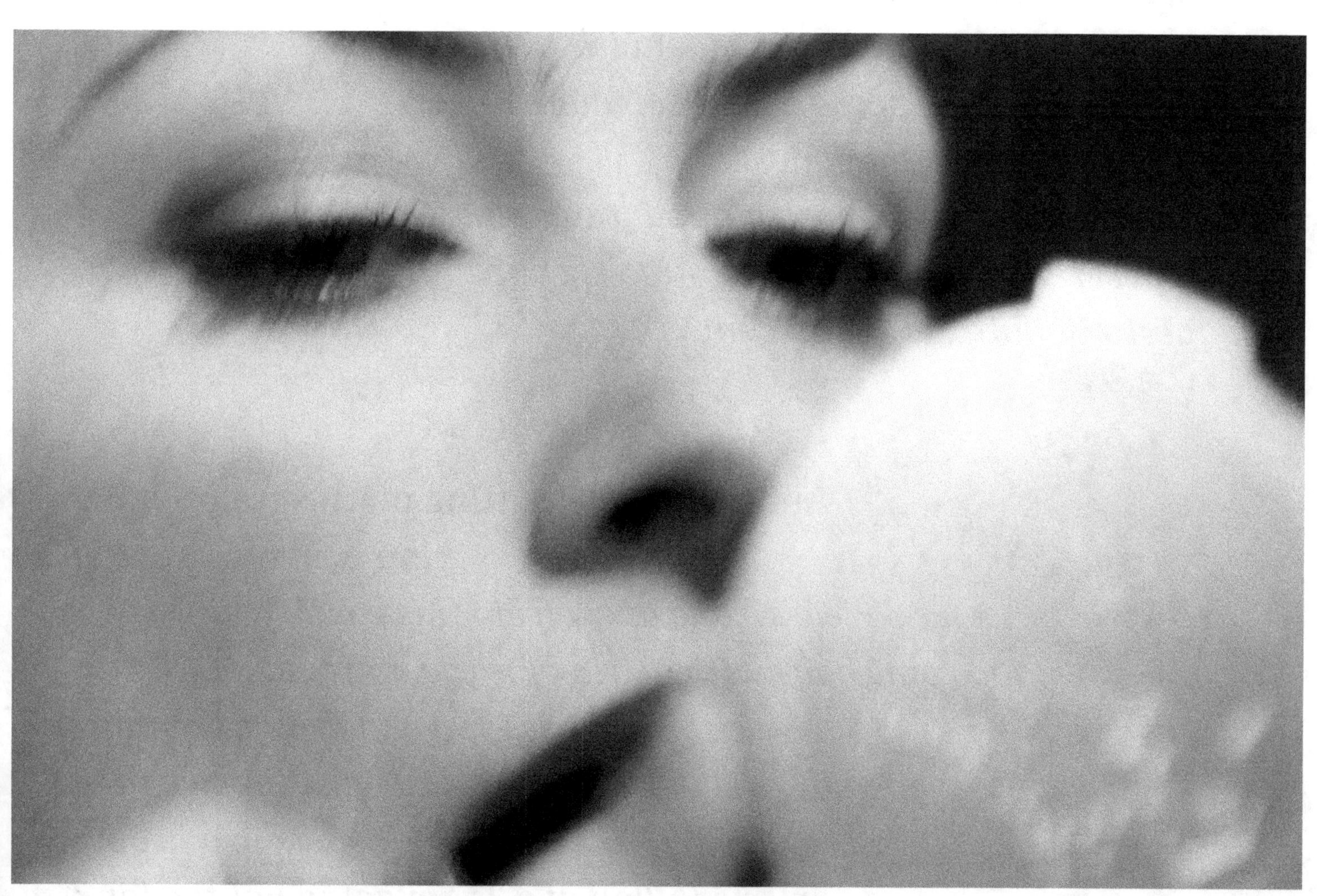

E lei, mettendo sul grammofono
la migliore Edith Piaf
"Porti fuori dal vagone la sua ingenuità
e torni con un drink per la Stella del momento,
almeno affogherà il magone,
o magari ci godremo il nostro appuntamento.
Ma non si rende conto che la puntina si è incantata,
in questa Ballata del Treno Lento !?"

And she, while putting on the gramophone
the best of Edith Piaf
"Please, take away from this coach your candor
and come back with a drink for the main sequence Star,
at least you will drown the blues,
or, hopefully, we will enjoy our date, just the two of us.
Can't you realize that the needle got stuck in a groove,
in this Ballad of a Train going not too far ?"

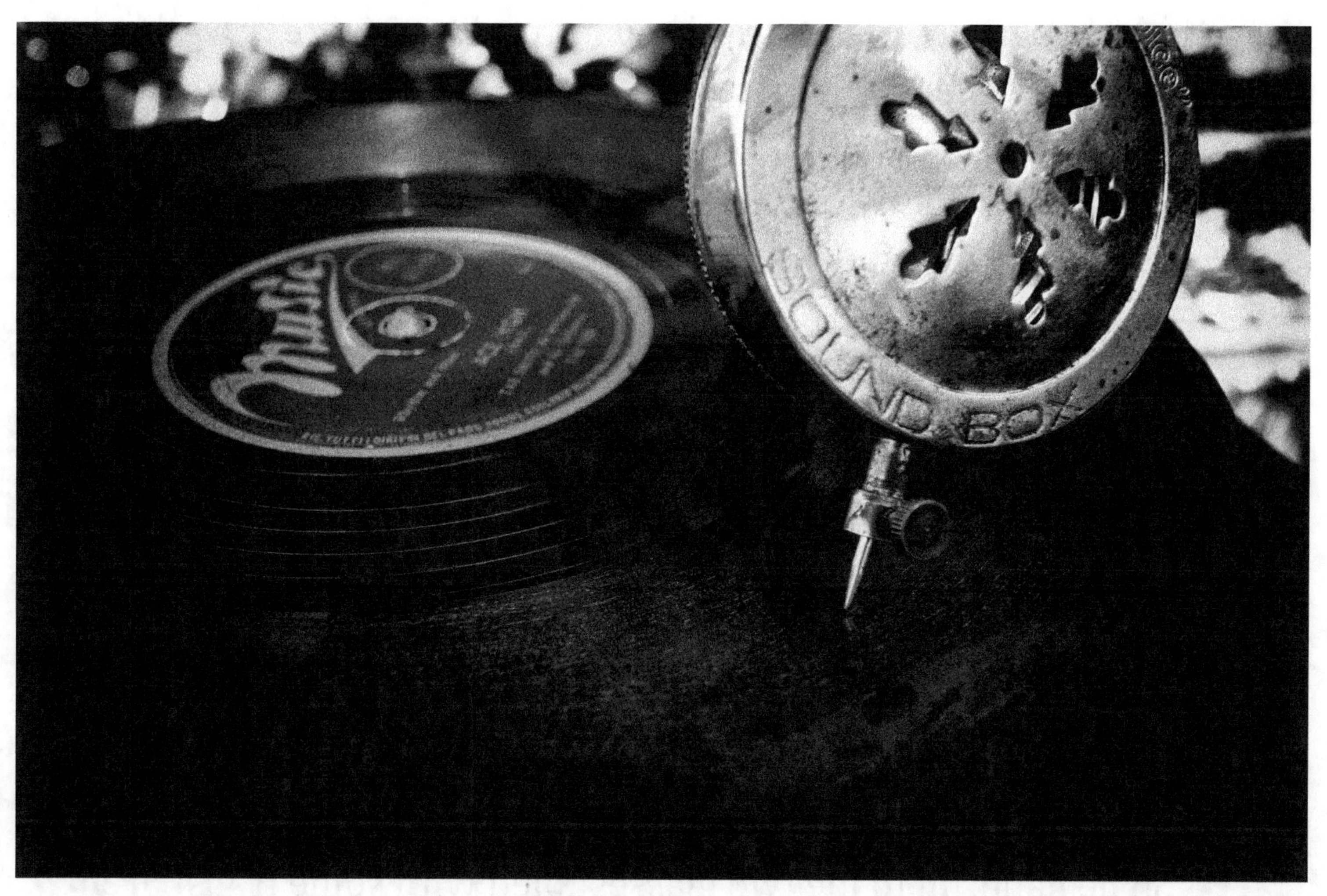

Music
SOUND·BOX

Mi chiedo se sta in coppia con il bluesman o è da sola,
e se vive ancora di spettacolo, o se lo fa per non morire.
Vado al bar dal cameriere e chiedo il mio solito liquore,
un whisky forte ed invecchiato, col quale
mi piace scaldarmi i polmoni e anche il cuore.
*"Ma Signore, non abbiamo più quel whisky qui, sembra che ai clienti
causasse un improvviso malumore."*
E mi passa due bicchieri pieni di un liquido trasparente.
La cosa lì per lì mi lascia indifferente.

I wonder if she's the partner of the bluesman or is she on her own.
And if it is to live or not to die, this show she's putting on.
Sliding to the bar, I ask the barkeeper my usual drink,
a strong, well-aged whisky
I like to warm, along with my heart, my lung.
*"Sir, we haven't had that spirit here since guests accused strong
pang."*
So he hands in to me two glasses filled with some transparent
liquid. Which, spur of the moment, left me absolutely cold.

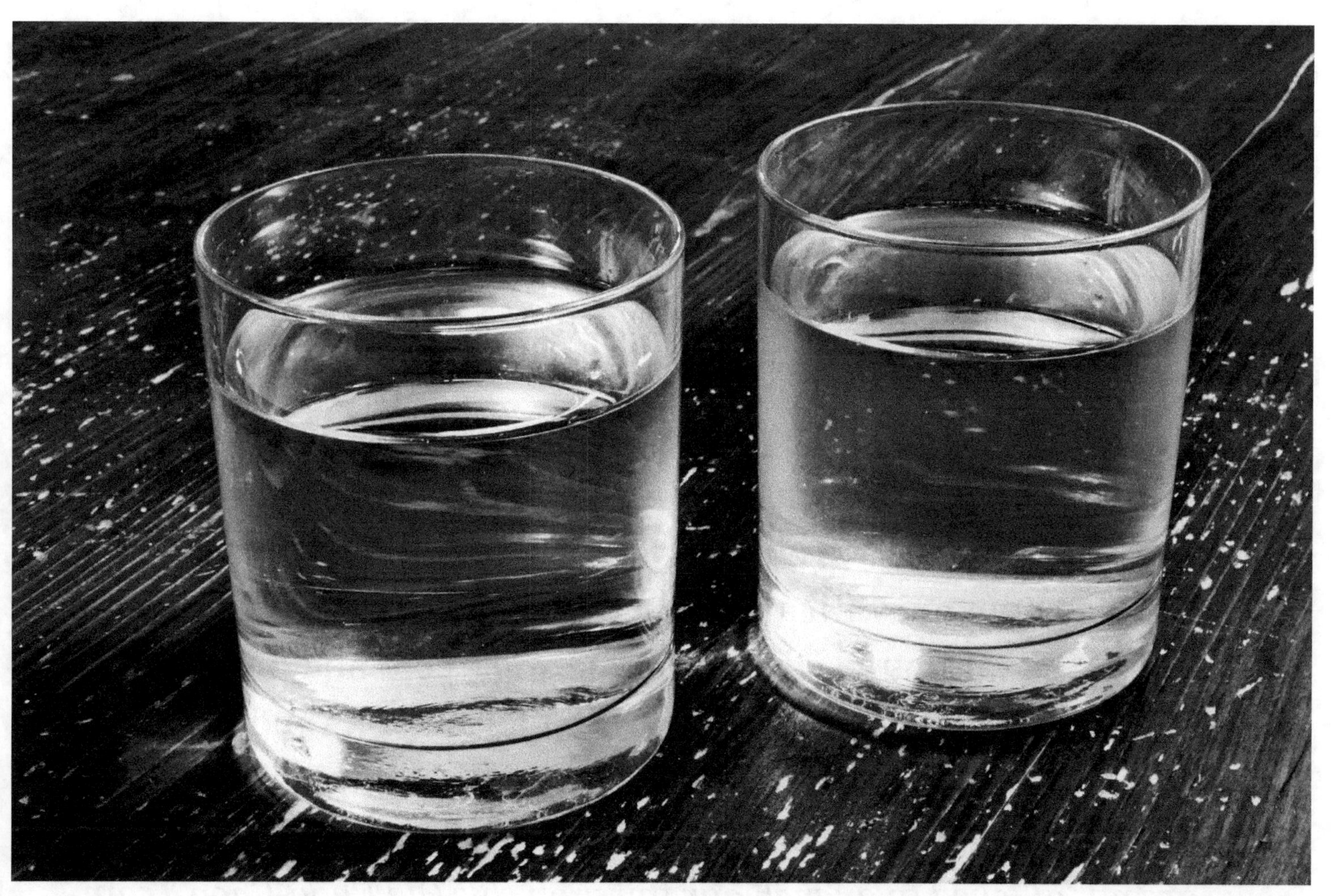

Li porto al tavolo con una certa calma.
Non sono il tipo che si perde una serata
con una grande attrice, da tutti conosciuta,
nonostante sembri fredda e un po' distante.
Da lei traspare desiderio solo per quella bevuta
che, appena arrivo al tavolo, si frantuma lì all'istante.
"Tesoro, sei stato gentile, ma scopri anche tu con una punta di dolore
che non ci è permesso dissetarci, su questo Vecchio Treno a Vapore."

Easy-taking, easy-going, I bring them back to the Lady.
I am not the kind of person who likes missing a soirée
in company with a great actress, well known by everyone,
although it seems to me she's cold and little distant.
Through her face shines keen desire just for that one and only drink
which, once on the table was left, on the instant did break up.
"Oh, Dear, you've been so kind, but you discover with a heartache that
we are not allowed to quench our thirst on this Old Choo-Choo Train."

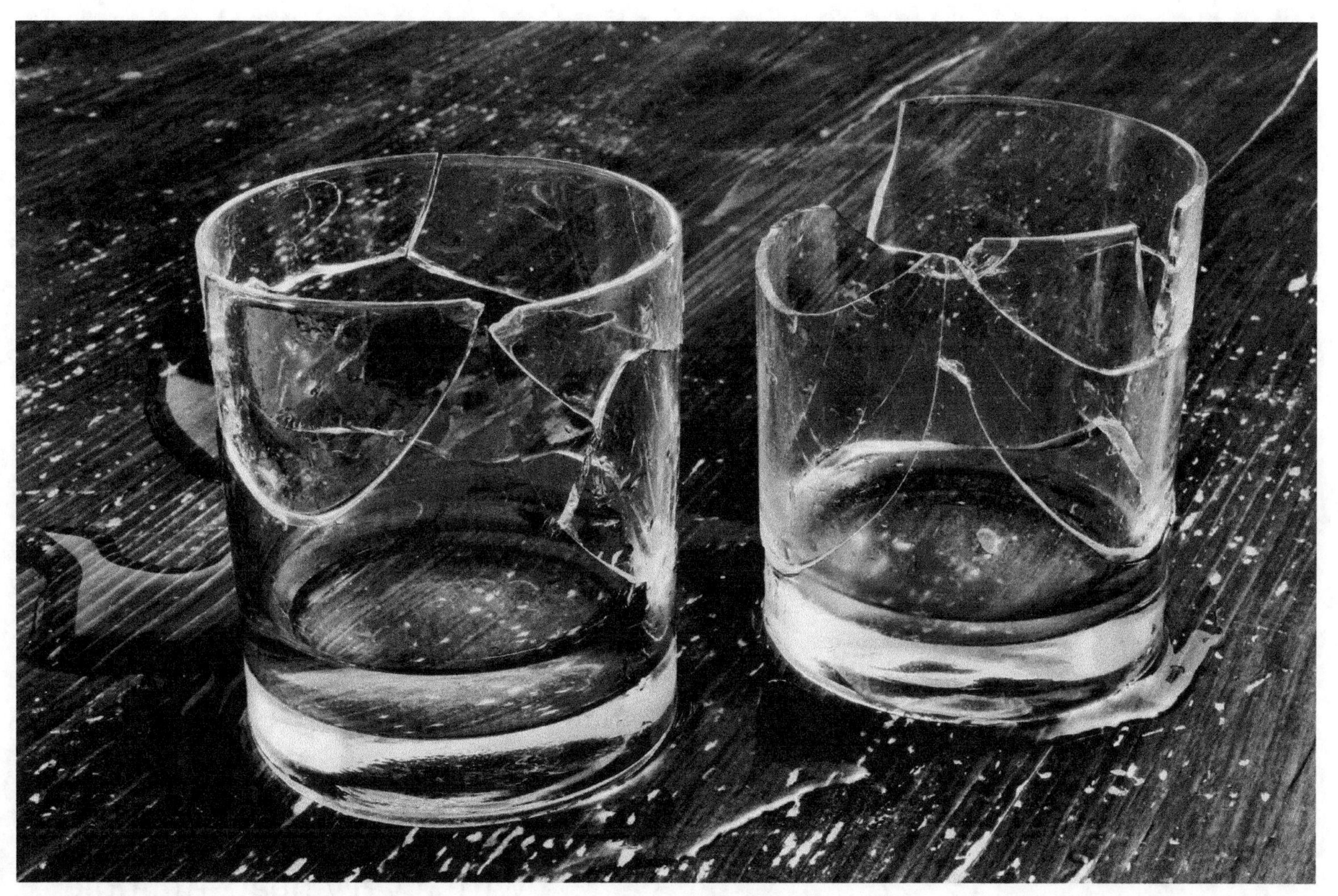

Si fa buio all'improvviso,
il treno è entrato in galleria
ma ho un ultimo fiammifero per caso in una tasca
e anche se torna la paura del diavolo e del volo nell'abisso,
la sua fiamma qui mi basta.
Guardo verso la finestra
e appare la mia nonna, che se ne sta seduta
con aria assai rasserenata.

It got dark out of the blue,
the train has dashed into a tunnel
but I have a match by chance in my pocket
and even though the fear of the devil
and the jump into the unknown arises, its flame here is enough.
I look at the window
and my grandmother appears, sitting
with a very peaceful look.

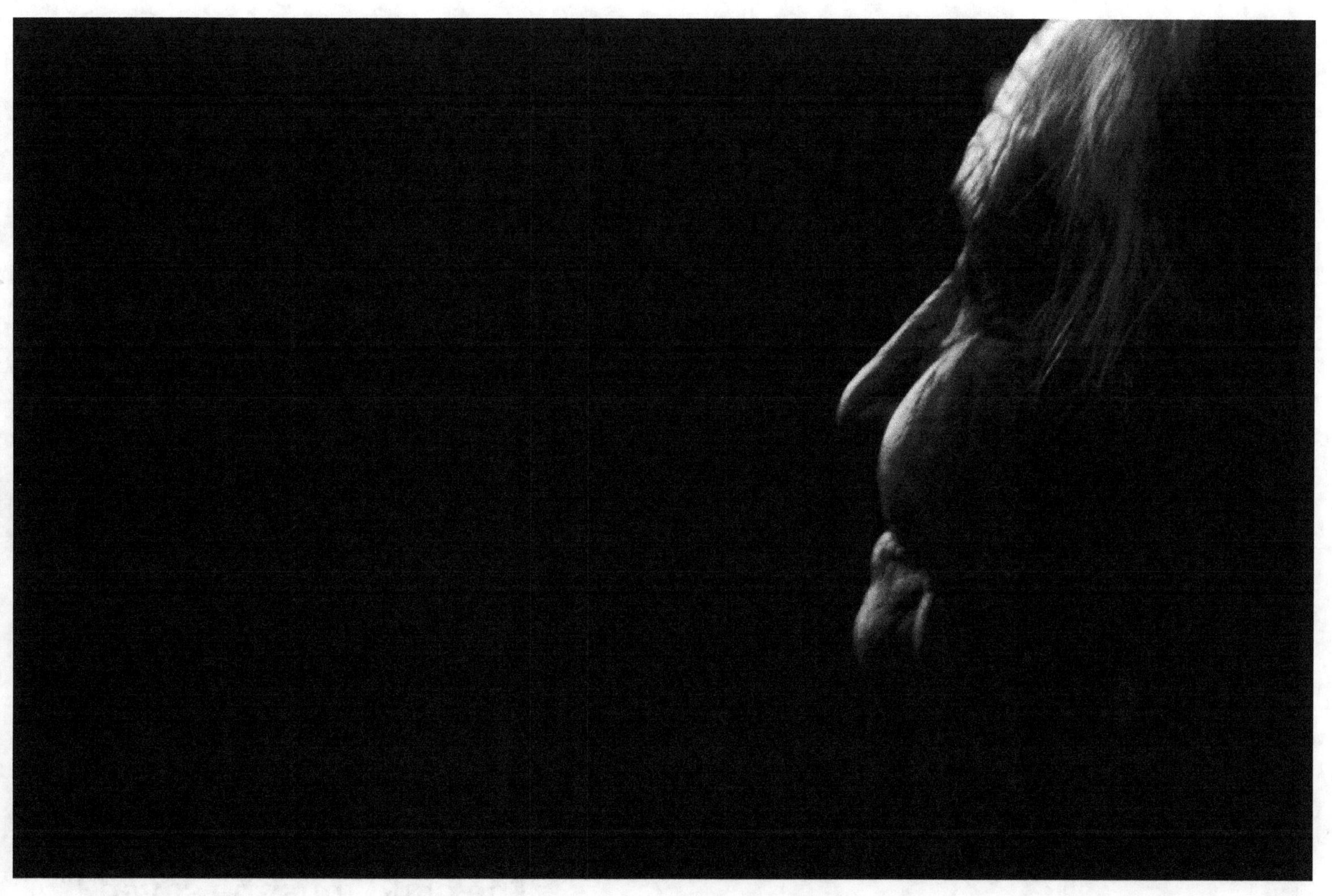

"Misericordia, vero ! Mio nipote c'è sul treno !
Tu in pensiero mi fai stare !"
"Nonna, ascoltami, è un mistero,
c'è una bimba, molto triste e spaventata,
e la insegue un lupo grigio, che in realtà è l'uomo nero !
Dobbiamo assolutamente scendere da questo treno.
La bimba va salvata !
La locomotiva va fermata !"

"Lord have mercy ! My grandson's on the train !
You are worrying me, I am concerned !"
"Grandma, listen, it's a mystery,
there is a child, very sad and terrified,
as she's stalked by a grey wolf, which actually is a bogeyman !
We must absolutely get off the train.
This locomotive must be stopped !
The child must be saved !"

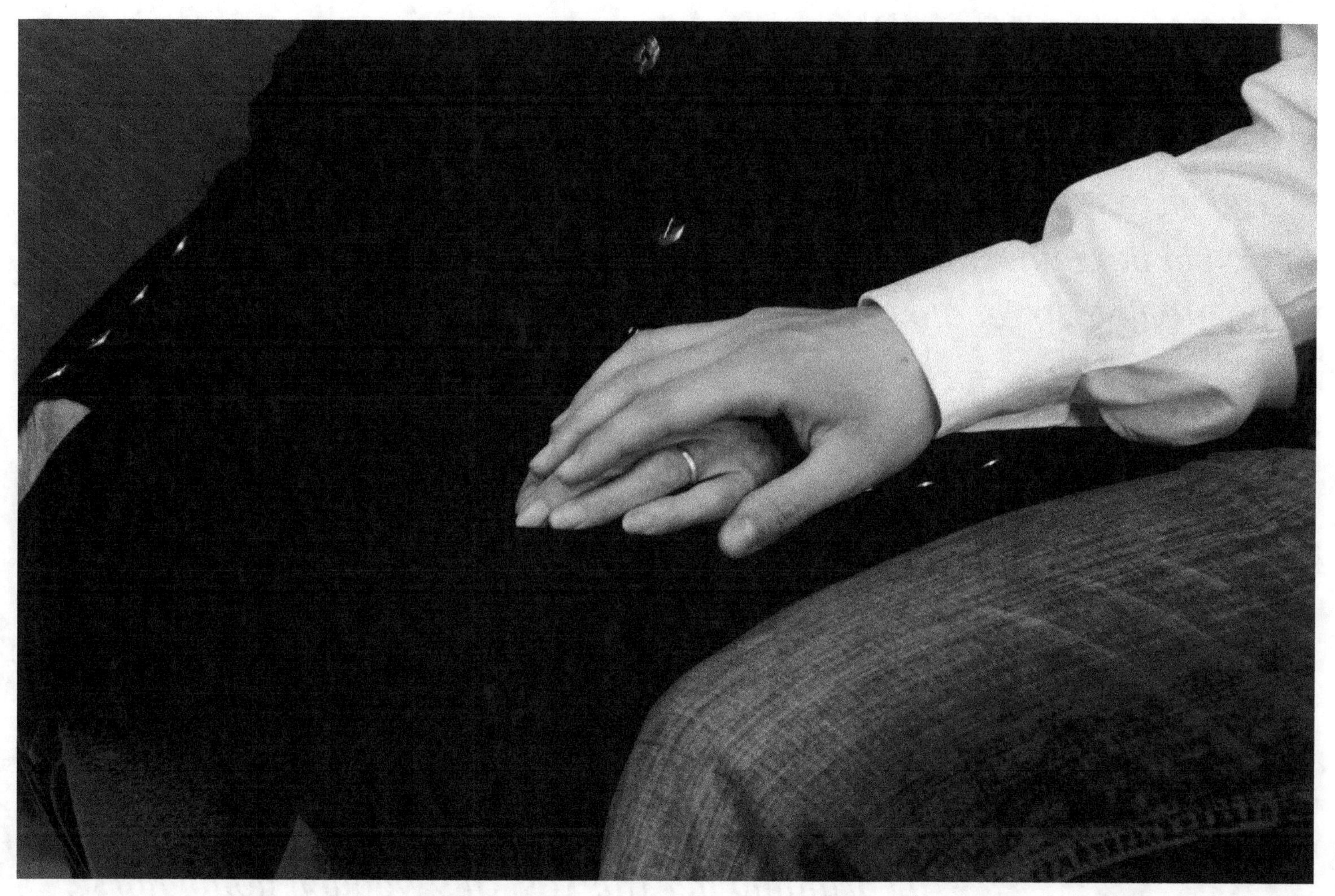

"Tu mi devi promettere che sarai bravo,
che è la cosa più importante,
e il treno io lo fermerò."
E come nei ricordi di quando ero piccolo, la nonna dice
"Bo bo bo, sciuri di menta e basilicò !
Hai visto ? Subito subito inizia a rallentare.
Con la bambina, un poco spaventata, devi essere gentile
portandole in regalo questo cavallino che ti do.

"You have to promise me that you will be good,
which is the most important thing,
and the train... alright, I will stop it."
And like in memories of the days I was a child, grandma says
"Flowers of basil and flowers of mint, bo bo bo !
See ? Very quickly it starts to brake.
With the child, who is a little scared, you do have to be very kind
by bringing her this toy, this wooden hobbyhorse.

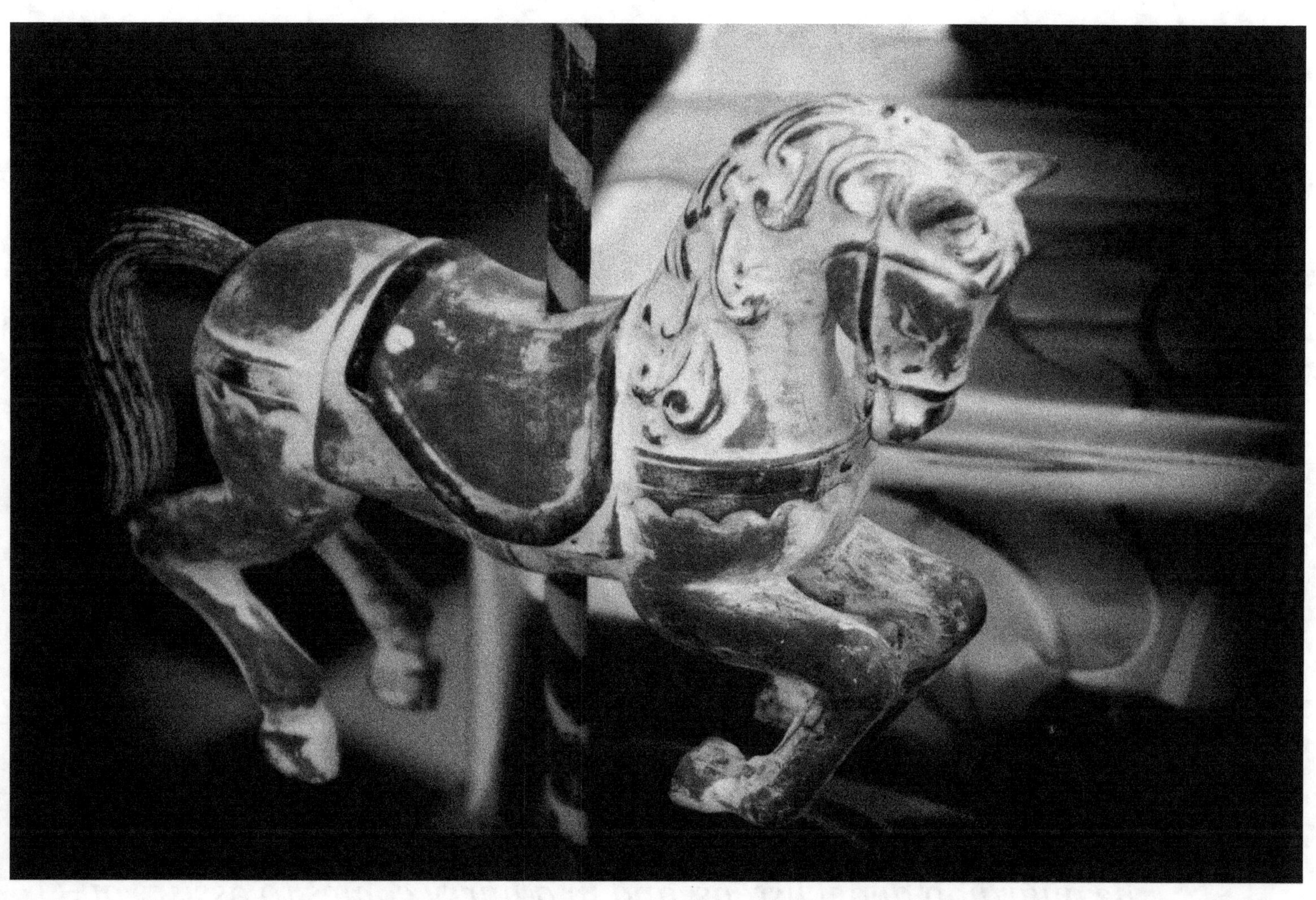

Io dirò una preghierina
all'angelo del mattino
e la bambina una preghiera,
pure lei la deve dire
all'angelo della sera...
che lui le sta vicino, e tu le spieghi:
dice la nonna che se lo sai chiamare,
l'angelo custode ti viene ad aiutare."

A prayer I will say
to the angel of the morning,
and the child a prayer
she also shall now say
to the angel of the eve...
because to her he will stay close, and you'll explain:
grandma says that if you call him,
the guardian angel listens, and in a hurry comes to assist you."

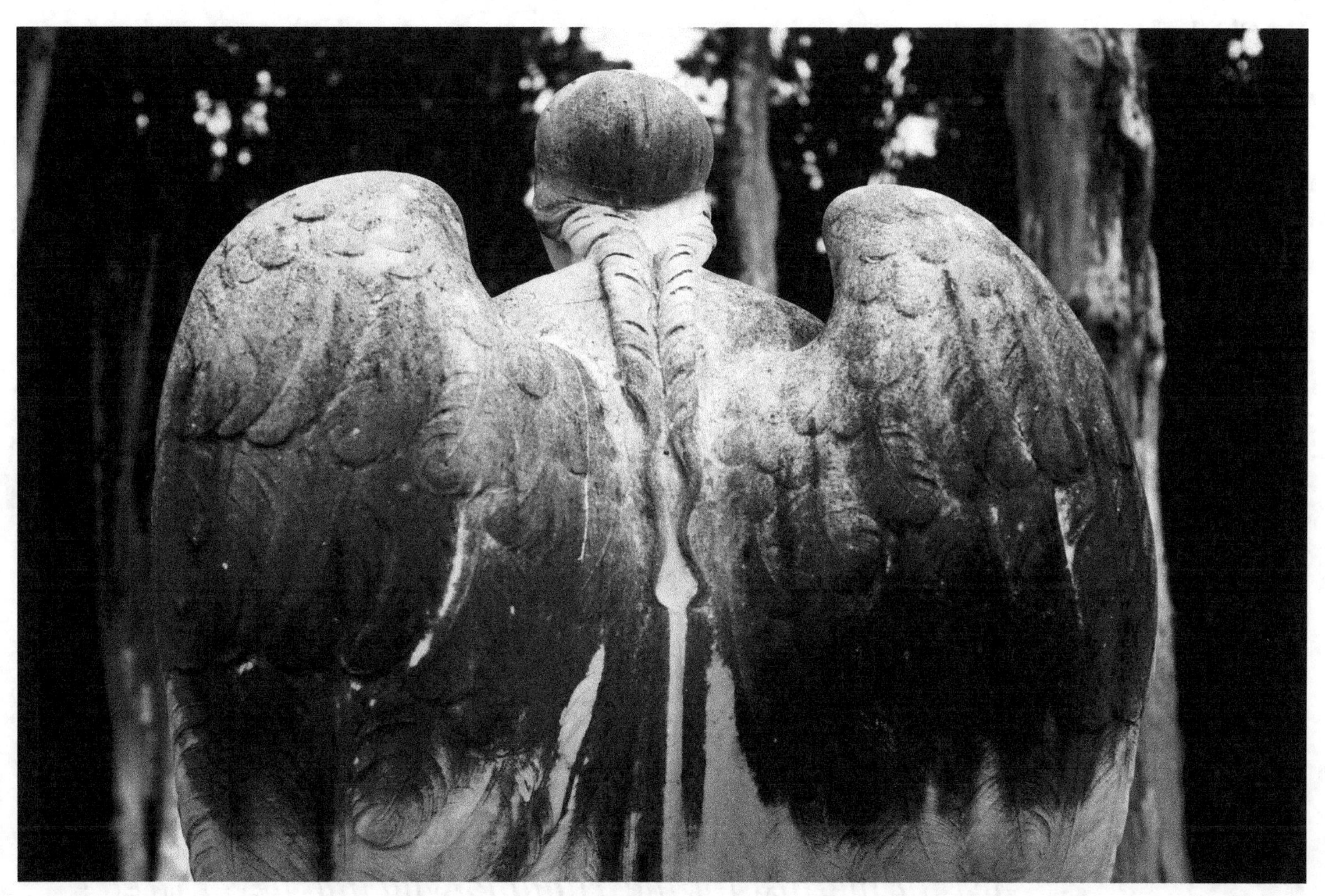

Le do un bel bacio, come ai nonni,
e scendo con due salti in una specie di stazione.
C'è la bimba sola, canta,
io con fare un poco goffo le regalo il cavallino,
e lei, tutta contenta, per gioco a terra lì lo pianta.
E in un attimo, d'incanto, si trasforma in carosello.
"Molto bello, molto bello, i cavalli tutti bianchi
sol per me, sol per me, che galoppano mai stanchi !"

I give her a big kiss, and I hop off
in a sort of railroad station as the train has stopped.
There's the girl, alone, who's singing,
in a clumsy way I give her the little hobbyhorse,
and the girl for fun with joy thrusts it into the ground.
And at once, magically, it turns into a merry-go-round.
"It's so beautiful, how wonderful, these white horses
just for me, just for me, running wild and never tired !"

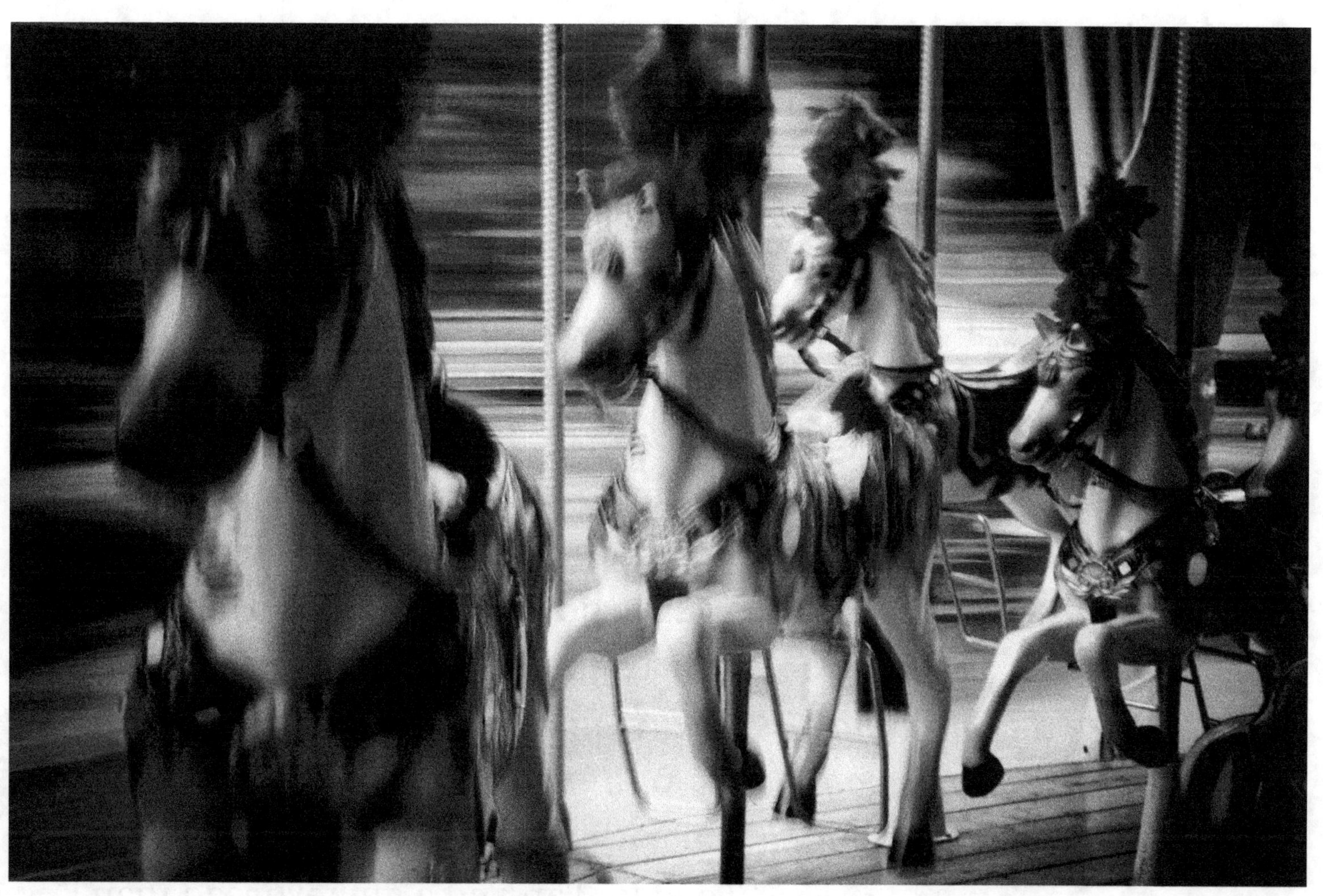

Penso "Quell'angelo di nonna ne sa fare di prodigi !"
Ma rimane ora il problema di come ritornare a casa.
La bambina sulla giostra, però, mi chiama da lontano
con un grido che somiglia perlopiù a una preghiera.
"Fai sparire questo treno, fai sparire questo treno,
prova a fare un altro trucco, non lo vedi com'è brutto ?"
Come avrebbe fatto nonna ? Chissà, provo…
"Tìppete, Tàppete e un biscotto !"

I think "That angel of grandma can do make marvelous wonders !"
But still remains the problem that we are far away from home.
The child riding on the carousel, now, is calling from a distance
with a shout resembling mostly a plea.
"Make this old train disappear, make this black train disappear,
make magic, do it for me, can't you see how sad it is ?"
How would grandma make it happen ? Who knows, I'll try…
"Teepee, Tap and a gingerbread man !"

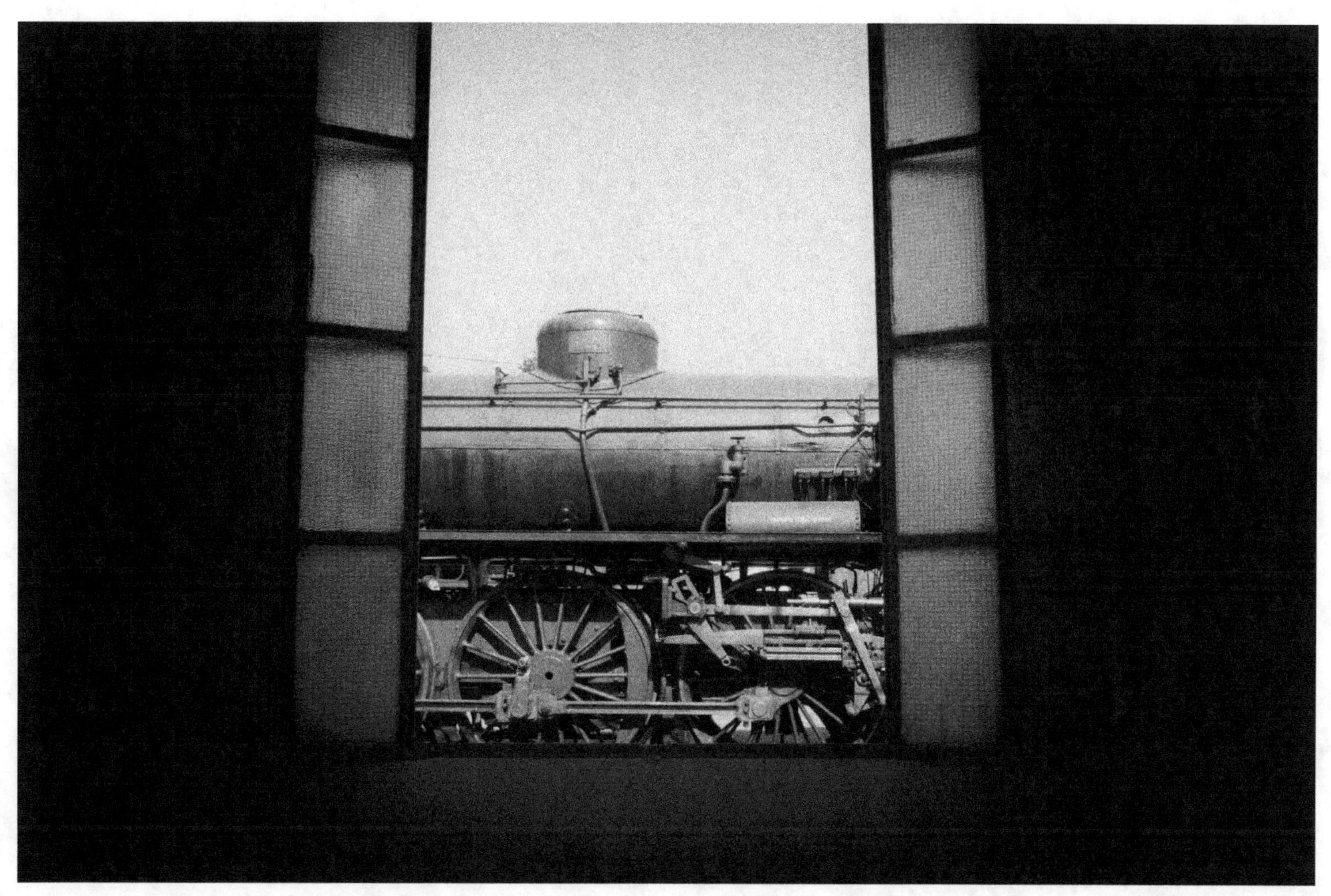

Epilogo

Epilogue

Un bianco e saggio ulivo tutto solo, triste e schivo,
al tramonto nel bel mezzo di un terreno nero e brullo
in ascolto di quel vento che lo inganna a poco a poco,
sui bei viaggi, sulla vita, e sulla libertà perduta,
ma poi, in fondo in fondo, senza alcuno scopo.
"E tu, piccolo ulivo ? Cosa c'entri in tutto 'sto trambusto?"
"Mi ha piantato una signora il giorno che tu sei venuto al mondo,
proprio qui."
"Ma questa è un'altra storia, ulivo bianco e saggio. Non è così ?"

A white wise olive tree all alone, so sad and shy,
at sunset in the middle of a plot of black and barren land
listening to that wind which misleads him inch by inch,
about great travels, life, and freedom gone misplaced,
but in the end without any true intent.
"And you, little olive tree ?
What have you to do with this hurly-burly?"
"A lady planted me the day you came into the world, just here."
"But this is another story, white wise olive tree. Isn't it ?"

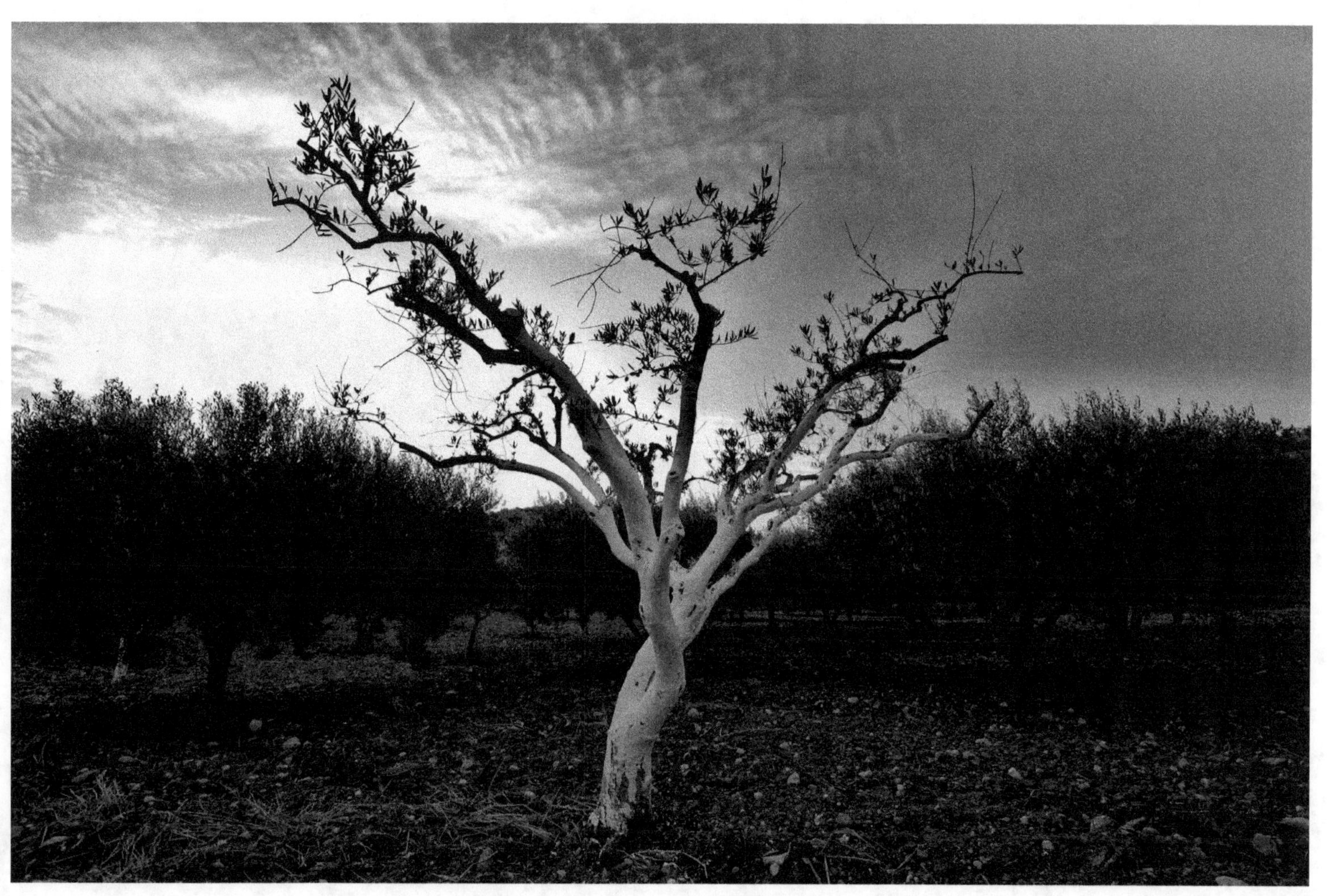

Antonio Buttitta nasce il 14 maggio 1981 a Palermo,
dove si diploma al liceo classico e si laurea in giurisprudenza.
Vive a Roma per qualche anno e si specializza
in studi diplomatici e relazioni internazionali.
In seguito si trasferisce in Toscana, dove vive e lavora.
Questo è il suo primo libro.

Antonio Buttitta was born on 14 May 1981 in Palermo, Sicily.
He graduated in Law.
He studied in Rome, where he received a Master
in Diplomacy and International Relations.
Afterwards he moved to Pistoia, Tuscany, where he lives and works.
This is his first book.

Si ringraziano

Nonna Carmela per l'ispirazione

Nonna Lina per avermi richiamato al "Non omne moriar"

Alessandro, mio fratello, per avermi sostenuto (con un 50 fisso a 1.8)

Stefania, la zia, perché custodisce ancora con cura i cavalli bianchi

Federico Giani per aver dato la voce ai miei video

Loredana Trestin per il prezioso supporto

Monica Ferrari per come mi ha saputo leggere dall'esterno

Dunia Mauro per avermi ricordato la cura nei dettagli

Il mio "staff" (Ilaria, Rosa e Matteo) per l'ascolto, giorno dopo giorno.

Special Thanks

Crestina Velia-Forcina and Tim Thornton for their suggestions and their time.

Le opere dell'autore sono pubblicate sotto forma di slideshow sul sito

The author's artworks are on

vimeo.com/antoniobuttitta

e-mail:

antoniobuttitta@hotmail.it

www.ingramcontent.com/pod-product-compliance
Lightning Source LLC
LaVergne TN
LVHW080504200726
843509LV00008B/368